BONSÁI

PARA PRINCIPIANTES

El Arte y la Ciencia de Cultivar
Árboles en Miniatura

EMILY BAUTISTA

Table des matières

Introducción

Bienvenido al mundo del bonsái

El bonsái es una forma de arte muy antigua que atrae a los admiradores con sus árboles en miniatura, que representan la armonía y la belleza de la naturaleza. Con una rica historia y cultura, el bonsái ha viajado a través del tiempo y el espacio hasta convertirse en una afición muy apreciada y una forma de expresión artística a escala mundial. En esta sección nos adentraremos en el fascinante mundo del bonsái, analizando su historia, su relevancia y los tremendos efectos que produce en quienes emprenden este viaje.

El origen del bonsái se sitúa en la Antigua China, donde el cultivo de árboles en miniatura se remonta a hace más de mil años. Solía ser una especie de arte exclusivo de élites que representaba riqueza y autoridad. El término Chino penjing, que se traduce como "paisaje en bandejas", incluía la construcción de paisajes en miniatura con figuritas, guijarros y árboles. Esta costumbre se extendió lentamente a Japón y se convirtió en lo que hoy se conoce como bonsái.

Más allá de la simple horticultura o jardinería, el bonsái representa mucho más. Capta el profundo vínculo entre las personas y el entorno natural. El meticuloso cuidado de los detalles y la nutrición necesarios para el desarrollo del bonsái fomentan la paciencia y la concentración. Cada árbol tiene un relato único que capta la esencia de la visión del artista, así como el paso del tiempo. El bonsái nos inspira a tomarnos un momento, pensar y reconocer la belleza que existe incluso en los detalles más insignificantes.

En su base, el bonsái es un medio artístico. Para crear esculturas vivientes, combina principios de diseño, estética y artesanía. La creatividad reside en el diseño y la forma de los árboles, que imitan las formas de la naturaleza al tiempo que incorporan las ideas originales del artista. Años de meticulosa poda, alambrado y entrenamiento producen las bellas y simétricas composiciones de los bonsáis, que transmiten una sensación de equilibrio y calma. Cada árbol tiene una personalidad propia que refleja el talento del artista y el mensaje que desea transmitir.

La capacidad de los bonsáis para llevar la naturaleza al interior es una de sus características más atractivas. Muchas personas recurren a la jardinería de bonsáis como forma de escapar de la creciente urbanización y restablecer su conexión con la naturaleza. Incluso en las limitaciones de un apartamento o una oficina, los bonsáis ofrecen la oportunidad de ver y apreciar de cerca la exquisita belleza de los árboles. Las personas desarrollan una fuerte conexión con la naturaleza y un sentido de la responsabilidad y la administración al cuidar de un bonsái.

El arte del bonsái exige paciencia, dedicación y un gran ojo para los detalles. La observación cuidadosa y la ejecución exacta son necesarias para dar forma y entrenar un bonsái. Un bonsái puede tardar décadas en desarrollarse, por lo que la paciencia es imprescindible. Los practicantes de este arte aprenden el valor de la perseverancia y los beneficios de dedicar tiempo y esfuerzo. A medida que se sumergen en el arte y encuentran satisfacción en el momento presente y en el crecimiento gradual pero constante de sus árboles, los entusiastas del bonsái adquieren un mayor sentido de la atención.

Trabajar con bonsáis puede ser realmente meditativo. Los practicantes pueden encontrar paz interior y tranquilidad en la atención concentrada que se necesita para alambrar, podar y mantener los bonsáis. Cuando trabajan con sus árboles, los entusiastas del bonsái hablan con frecuencia de una sensación de calma y paz, ya que están totalmente concentrados en lo que están haciendo. Esta característica contemplativa del bonsái no sólo mejora la salud mental, sino que también permite a las personas desarrollar una conciencia más profunda de sí mismas y de su relación con la naturaleza.

El arte del bonsái está muy arraigado en la cultura de Japón y otras naciones donde es popular. Los mejores ejemplos de esta forma de arte se exhiben en exposiciones y concursos de renombre en Japón, donde el bonsái se considera parte esencial de su cultura. Además, el bonsái ha ganado popularidad en varios países Occidentales, donde se valora por su elegancia y como representación del asombro ante la belleza de la naturaleza. Las barreras idiomáticas son irrelevantes cuando se trata de bonsáis, ya que este arte milenario une a individuos de todo el mundo en una pasión común.

Bienvenido al fascinante mundo del bonsái, donde los árboles en miniatura se transforman en manifestaciones vivas de la naturaleza y el arte. Personas de todo el mundo se han enamorado del bonsái por su larga historia, relevancia y atractivo artístico. Además de belleza, este estilo de arte ofrece la oportunidad de cultivar la atención, la paciencia y una relación más estrecha con la naturaleza. Que al iniciar su viaje por el mundo del bonsái experimente deleite, inspiración y un renovado respeto por las muchas bellezas de la naturaleza.

Breve historia y significado del bonsái

La práctica de cultivar árboles en miniatura, conocida como bonsái, tiene una larga historia que atraviesa muchas épocas y países diferentes. El bonsái, originario de China y adoptado posteriormente por Japón, ha pasado de ser una venerada forma de expresión artística y una profunda conexión con la naturaleza a un símbolo de riqueza y poder. En esta sección nos adentraremos en los intrigantes antecedentes del bonsái, su relevancia cultural y la perdurable influencia que ejerció en personas y comunidades de todo el mundo.

El arte de cultivar árboles en miniatura tiene su origen en la antigua China, donde se practica desde hace más de mil años. Penjing, que se traduce como "paisaje en bandeja", era originalmente un estilo artístico Chino que consistía en construir paisajes en miniatura con figuras, rocas y árboles. Estas imágenes meticulosamente producidas buscaban condensar la esencia del entorno natural en un espacio reducido. La representación de la naturaleza en el penjing no se limitaba a los árboles.

El comercio y las interacciones culturales entre China y Japón prosperaron durante la Dinastía Tang en China. La práctica del penjing llegó a Japón en esta época, donde evolucionó hasta convertirse en lo que hoy conocemos como bonsái. La capacidad de los árboles en miniatura para plasmar la belleza y la esencia de la naturaleza en un espacio reducido captó la atención de artistas y monjes Japoneses. Con el tiempo, el bonsái desarrolló un estrecho vínculo con la espiritualidad y la cultura Japonesas.

Con la influencia del Budismo Zen y la estética Japonesa, el bonsái en Japón desarrolló una personalidad distintiva. El arte del bonsái incorpora el énfasis de la estética wabi-sabi en la sencillez, la imperfección y la fugacidad de las cosas. El arte del bonsái evolucionó para representar una unión pacífica de lo salvaje y lo cultivado, representando la idea de que hay belleza en la simplicidad y la aceptación de los defectos de la vida.

La clase samurái de Japón comenzó a interesarse cada vez más por los bonsáis durante el periodo Kamakura. Los guerreros samurái, empapados de las tradiciones del Budismo Zen, descubrieron consuelo e inspiración en el arte del bonsái. La meticulosa atención al detalle, la disciplina y el cuidado necesarios para cultivar bonsáis eran características de los samuráis. En un mundo de conflicto y caos, el bonsái se convirtió en una forma de cultivar la tranquilidad y la paz interior.

La élite del antiguo Japón fue la primera en dedicarse al bonsái. La posesión y conservación de bonsáis se consideraban símbolos de poder, riqueza y posición social. Los bonsáis se exhibían con frecuencia en jardines ornamentados y palacios, y los nobles y aristócratas contrataban a artistas expertos para que los hicieran y cuidaran. Los bonsáis evolucionaron como una forma de expresar la posición social, además de proporcionar placer estético.

Con el tiempo, el bonsái trascendió su relación con la riqueza y el poder y se abrió a un público más amplio. Ganó reconocimiento como un tipo distintivo de expresión artística. Los árboles pueden modelarse y estilizarse mediante sofisticadas técnicas desarrolladas por artistas del bonsái que combinan diseño, estética y artesanía. Cada bonsái se convierte en una escultura viviente que encarna las ideas del artista y se asemeja a un árbol de tamaño natural en miniatura.

La naturaleza goza de gran estima en la cultura Japonesa. Este respeto se materializa en los bonsáis, que permiten experimentar la belleza y la tranquilidad de la naturaleza todos los días. Cultivar bonsáis es un método para entrar en contacto con la naturaleza y fomentar el sentido del equilibrio y la armonía. Dado que los bonsáis se consideran seres vivos, es necesario conocer su comportamiento y ciclo vital para cuidarlos adecuadamente. Las personas que cuidan bonsáis sienten un profundo respeto por las sutiles maravillas de la naturaleza.

Japón abrió sus puertas al mundo exterior en el siglo XIX, permitiendo a los Occidentales experimentar el arte y la cultura Japonesas. Los artistas y coleccionistas occidentales quedaron cautivados por la belleza y el significado del bonsái. Tras su introducción en Occidente, el bonsái despertó la pasión por esta antigua forma de arte y los aficionados empezaron a cultivarlo en todo el mundo. Los artistas Occidentales empezaron a verse influidos por el bonsái, lo que cambió su forma de ver la naturaleza y el arte del bonsái.

El bonsái sigue ocupando un lugar importante en el acelerado y urbanizado mundo actual. Nos recuerda lo importante que es tomarnos nuestro tiempo, apreciar la belleza que nos rodea y encontrar momentos de tranquilidad y paz a pesar del caos cotidiano. Cultivar bonsáis da a la gente un sentido de orientación, la conecta con los ciclos de la naturaleza y le permite expresar su creatividad. Además de crear un sentimiento de comunidad, el bonsái lo fomenta al reunir a personas que comparten un interés común por este arte.

En conclusión, la historia del bonsái es una prueba de la importancia y el atractivo permanente de esta artesanía milenaria. Desde sus inicios en China hasta su significativo impacto en la cultura Japonesa y su posterior difusión mundial, el bonsái ha cautivado los intereses de personas de todos los ámbitos de la vida.

Más allá de su estética, el bonsái representa una estrecha relación con la naturaleza, un reflejo de los valores culturales y una forma de expresarse. Sigamos cultivando esta valiosa forma de arte, preservando sus tradiciones y aceptando al mismo tiempo su creciente importancia en la sociedad contemporánea, al tiempo que reconocemos la larga historia del bonsái.

Beneficios de cultivar bonsáis

La práctica de cultivar árboles en miniatura, o bonsáis, ofrece beneficios que van más allá del simple atractivo estético. Es una afición divertida y gratificante que ofrece muchas ventajas a quienes se animan. Cultivar bonsáis tiene varios beneficios para los aficionados, desde mejorar la paciencia y la atención hasta cultivar un sentido de conexión con la naturaleza. Esta sección examinará las diversas ventajas del cultivo del bonsái y cómo puede mejorar significativamente nuestra calidad de vida.

Cultivar bonsáis requiere mucha paciencia y atención al detalle. Un bonsái debe entrenarse y modelarse durante un largo periodo de tiempo, a menudo años o incluso décadas. A medida que los practicantes se sumergen en el presente y prestan atención a las pequeñas modificaciones de sus árboles, este enfoque metódico fomenta una sensación de atención plena. Los aficionados al bonsái adquieren una mayor comprensión de la interconexión de todos los seres vivos, así como de la belleza del crecimiento lento y gradual.

La conexión con la naturaleza es algo que muchas personas buscan en la agitada y urbanizada sociedad actual. Cultivar bonsáis nos da la oportunidad de incorporar la belleza de la naturaleza a nuestra vida cotidiana. Los que cultivan y cuidan bonsáis tienen una fuerte conexión con la naturaleza. Aprenden más sobre las complejas interacciones entre los árboles, el cambio de las estaciones y el medio ambiente. Pasar tiempo con sus árboles, verlos crecer y asimilar los ciclos naturales aporta bienestar y serenidad a los aficionados al bonsái.

El bonsái es una forma de arte vivo que fomenta la creatividad y la autoexpresión. Cada bonsái es una creación especial que el artista ha esculpido y modelado según su visión y preferencias estéticas. Para construir las composiciones que les gustan, los aficionados al bonsái pueden elegir entre una amplia gama de especies de árboles, diseños de macetas e ideas de diseño. Esta vertiente artística del bonsái ofrece a las personas una plataforma de autoexpresión y les permite mostrar sus habilidades creativas y puntos de vista únicos.

El cultivo de bonsáis implica compromiso, experiencia y conocimientos. Los practicantes del bonsái se sienten orgullosos de sus logros a medida que los árboles crecen y maduran. Es muy satisfactorio ver cómo un árbol pequeño y corriente se transforma en una obra de arte elegante y artística. Como saben que han fomentado y ayudado a estos árboles en miniatura en su viaje, los aficionados al bonsái se sienten muy orgullosos de su habilidad para darles forma y cuidarlos.

El cultivo del bonsái enseña valores esenciales como la perseverancia y la paciencia. La práctica del bonsái enseña a sus practicantes a apreciar el crecimiento gradual de sus árboles. Sirve como aviso constante de que el desarrollo y la maestría llevan su tiempo. Los amantes del bonsái adquieren la paciencia necesaria para esperar los resultados y el aprecio por los sutiles cambios que se producen en el transcurso de meses y años. Más allá del propio bonsái, esta técnica de fomento de la paciencia puede tener un impacto significativo en otros aspectos de la vida.

Cultivar bonsáis puede ser una experiencia muy terapéutica. Trabajar con bonsáis permite descansar de las exigencias y ansiedades de la vida cotidiana. La atención concentrada que se necesita para dar forma, podar y mantener los bonsáis permite a las personas alcanzar un estado de flujo en el que sus mentes están totalmente centradas en el presente. Este componente contemplativo del bonsái ofrece una oportunidad inestimable para relajarse, aliviar tensiones y refrescar la mente. Al cuidar de sus árboles, muchos aficionados al bonsái experimentan bienestar y una sensación de paz.

Cultivar bonsáis es un proceso de aprendizaje permanente que amplía los conocimientos de horticultura. Los aficionados al bonsái aprenden sobre las especies arbóreas, la composición del suelo, los métodos de poda y los requisitos particulares de cada especie. Perfeccionan sus habilidades de observación, análisis y estilismo de bonsáis. Estas habilidades y conocimientos hortícolas van más allá de los bonsáis y pueden utilizarse en otras tareas de jardinería, mejorando así la experiencia de la jardinería en su conjunto.

La comunidad del bonsái es un grupo próspero y alentador de entusiastas que comparten una pasión similar. Formar parte de este grupo ofrece la oportunidad de interactuar con personas de ideas afines, compartir conocimientos y participar en talleres, exposiciones y clubes de bonsái. La pasión común por el bonsái fomenta un sentimiento de comunidad y amistades para toda la vida. Los aficionados al bonsái se reúnen para celebrar sus logros, compartir conocimientos y motivar a los futuros practicantes del bonsái.

Cultivar bonsáis fomenta la responsabilidad medioambiental y aumenta la concienciación sobre el medio ambiente. Los aficionados al bonsái comprenden mejor la interconexión entre la naturaleza y el ser humano. Aprenden sobre el delicado equilibrio necesario para sustentar y nutrir la vida vegetal. Las personas que se dedican a la horticultura del bonsái suelen ser más conscientes del medio ambiente y empiezan a utilizar técnicas de compostaje, ahorro de agua y control orgánico de plagas. Los aficionados al bonsái pueden promover la conservación y protección de nuestro entorno natural cultivando bonsáis.

En conclusión, cultivar bonsáis es un viaje que aporta muchas ventajas y mejora profundamente nuestras vidas. El arte del bonsái ofrece un camino singular para desarrollarse y expresarse, desde fomentar la paciencia y la conciencia hasta alimentar la creatividad y la conexión con la naturaleza. Combinadas con la sensación de logro y camaradería, las cualidades terapéuticas del bonsái lo convierten en una experiencia agradable y gratificante. Los aficionados al bonsái se embarcan en una vida de exploración, belleza y mayor aprecio por las maravillas de la naturaleza cuando se sumergen en la habilidad de cuidar estos árboles en miniatura.

Capítulo I

Iniciándose en el Bonsái

Entender el concepto de bonsái

El cultivo de árboles en miniatura es el antiguo arte del bonsái, que combina la horticultura con ideas creativas y un profundo conocimiento de la naturaleza. El cultivo de árboles en miniatura en macetas es sólo uno de los aspectos del bonsái; también representa un profundo aprecio por la armonía y la belleza de la naturaleza. La idea del bonsái se examinará en profundidad en esta sección, junto con sus fundamentos filosóficos, ideas de diseño y la profunda conexión que genera entre las personas y la naturaleza.

En su forma más pura, el bonsái es una forma de arte que trata de condensar la esencia de la naturaleza en una representación en miniatura mediante el uso de plantas vivas. La belleza y la gracia de los árboles de tamaño natural se plasman en los bonsáis, que son adiestrados y modelados hábilmente por artistas, a diferencia de las formas tradicionales de arte, que utilizan materiales estáticos. Mediante diversos procedimientos, como la poda, el alambrado y el modelado, los bonsáis se esculpen y modelan para producir composiciones simétricas y estéticamente agradables.

La armonía y el equilibrio son fundamentales en la forma de pensar del bonsái. El equilibrio entre los patrones naturales de desarrollo del árbol y la visión artística deseada es lo que los artistas del bonsái tratan de conseguir. Esta forma de pensar está influida por el Budismo Zen y la estética japonesa, que enfatizan el valor de la simplicidad, la asimetría y la apreciación de las imperfecciones de la naturaleza. El equilibrio del mundo natural se refleja en la tranquilidad y la serenidad que los bonsáis pretenden crear.

En la creación y el cultivo de bonsáis, la naturaleza es esencial. Los artistas que crean bonsáis estudian meticulosamente los patrones de desarrollo natural de los árboles en un esfuerzo por imitar la gracia y elegancia de sus homólogos de mayor tamaño. Para mantener los bonsáis sanos y vibrantes, es esencial comprender cómo reaccionan las plantas a la luz, el agua y otros factores ambientales. Las diferentes estaciones también son fuente de inspiración para los aficionados a los bonsáis. Utilizan métodos como defoliación y la elección de recipientes adecuados para imitar cómo el tiempo y el clima afectan a los árboles.

El diseño de composiciones visualmente atractivas y artísticamente agradables se rige por los principios del diseño de bonsáis. Estos principios fundamentales incluyen los siguientes:

La forma en miniatura del bonsái es una de sus características distintivas. Hay que crear una composición armónica manteniendo el sentido de la proporción. Cada componente, incluido el árbol, la maceta y el paisaje circundante, debe tener una relación armoniosa entre sí. A pesar de su pequeño tamaño, el bonsái parece natural y equilibrado gracias a sus relaciones proporcionales.

Aunque en el bonsái se adopta con frecuencia la asimetría, mantener una sensación de equilibrio es importante en el diseño de bonsáis. Al distribuir uniformemente el peso y los componentes visuales del árbol se consigue una composición agradable y armoniosa. La colocación cuidadosa de las ramas, el follaje y los espacios vacíos puede crear una sensación de equilibrio. Cuando se aplica, la simetría debe ser delicada y natural, aumentando el atractivo estético general del bonsái.

El movimiento y la fluidez de los bonsáis deben recordar a los de sus congéneres naturales a gran escala. La sensación de movimiento dinámico dentro del espacio limitado de la maceta del bonsái se crea mediante la curva del tronco, la posición de las ramas y el flujo de las hojas. Con la ayuda de estos componentes, una versión en miniatura de un árbol maduro adquiere vida y energía.

El espacio negativo es un componente fundamental de la composición en el diseño de bonsáis. Los espacios vacíos o abiertos de una composición se denominan "ma" en la estética Japonesa. El espacio negativo aporta al bonsái equilibrio, contraste y una sensación de serenidad, que es tan crucial como las propias piezas del bonsái. Mejora la experiencia visual general al permitir que los ojos del espectador descansen y aprecien la belleza y los matices del árbol.

La armonía que se observa en la naturaleza es lo que los conceptos de diseño de bonsáis pretenden imitar. El arte del cultivo del bonsái implica una cuidadosa consideración de la escala, la proporción, el equilibrio, el movimiento y el espacio negativo para producir paisajes en miniatura que capturen la belleza y la serenidad del mundo natural. El espíritu de los bonsáis, que son versiones en miniatura de sus homólogos de mayor tamaño que se encuentran en bosques y montañas, debe ser de calma y serenidad.

La gran variedad de formas que componen los bonsáis representa un aspecto único de la naturaleza y la expresión artística. Algunos de los diseños de bonsái más populares son:

El bonsái crece con un tronco recto que se estrecha gradualmente hacia el ápice en el estilo vertical formal. Esta estética capta la gracia, la majestuosidad y la tenacidad de un árbol maduro erguido en la naturaleza. Es uno de los tipos de bonsái más tradicionales y apreciados debido a su crecimiento vertical controlado, que simboliza la armonía y el equilibrio.

El estilo vertical informal introduce una forma más fácil y natural. El tronco del árbol tiene una pequeña curvatura que da la impresión de movimiento y vitalidad. Esta estética capta la cualidad dinámica de un árbol que se balancea con una ligera brisa imitando los patrones de desarrollo orgánico que se ven en la naturaleza. El estilo vertical informal da un aspecto más relajado y accesible que fomenta la serenidad y la sensación de conexión con la naturaleza.

Los bonsáis inclinados tienen troncos claramente inclinados que dan la impresión de estar creciendo en la cima de una montaña o soportando fuertes vientos. Esta estética capta la vitalidad y dureza de los árboles que hacen frente a las dificultades ambientales. La composición adquiere un aspecto dinámico gracias al tronco inclinado del árbol, que aporta atractivo visual y sensación de movimiento. Los bonsáis inclinados representan la capacidad de superar retos evocando un espíritu de determinación y flexibilidad.

El tronco de los bonsáis en cascada fluye hacia abajo, extendiéndose con frecuencia por debajo del nivel de la maceta. Este diseño simboliza los árboles que crecen en acantilados escarpados o cerca del agua, donde se adaptan al difícil entorno favoreciendo el crecimiento hacia abajo. El tronco en cascada, que simboliza el flujo del agua o los espectaculares entornos en los que crecen estos árboles, confiere al estilo cascada una sensación de gracia y elegancia.

La estética barrida por el viento pone de relieve la tenacidad y persistencia de los árboles al captar los efectos de los fuertes vientos sobre ellos. El follaje y las ramas están hechos a propósito para que parezcan barridos hacia un lado, como por fuertes brisas. De este modo se representa la lucha y la resistencia de los árboles contra las fuerzas de la naturaleza. Los bonsáis barridos por el viento irradian un sentimiento de fortaleza, carácter y capacidad para prosperar en circunstancias difíciles.

El proceso de cultivo de un bonsái exige perseverancia, compromiso y una búsqueda incesante de la maestría. Se necesitan años, si no décadas, para que los bonsáis crezcan y maduren. Deben darse las condiciones adecuadas y los aficionados al bonsái deben dar forma a sus árboles con diligencia a lo largo del tiempo. El arte del bonsái enseña a sus practicantes las virtudes de la perseverancia, la observación y los beneficios del compromiso sostenido.

Con orígenes en la antigua China y Japón, el bonsái tiene un profundo significado cultural e histórico. Cada bonsái encierra un sentimiento de ancestralidad e historia, y el arte del bonsái se ha transmitido de generación en generación. Al participar en el cultivo del bonsái, los devotos conectan con la sabiduría y los conocimientos de quienes les han precedido y pasan a formar parte de una tradición de larga tradición.

Los bonsáis ofrecen una plataforma única para la creatividad y la expresión personal. Cada bonsái es una expresión de la sensibilidad creativa y la visión de su creador. Los entusiastas del bonsái pueden elegir las especies de árboles, los diseños de las macetas y los componentes del diseño que más les gusten. Los practicantes del bonsái son capaces de expresar sus sentimientos, experiencias y perspectivas únicas sobre la naturaleza y la belleza por medio de la forma y el estilo de los bonsáis.

En conclusión, el bonsái es una filosofía que va más allá de la práctica de cultivar árboles en miniatura. Simboliza un profundo respeto por la naturaleza, una forma de pensar sobre la armonía y el equilibrio, y una manera única de expresar la propia visión. El bonsái es un viaje que requiere resistencia, habilidad y un fuerte vínculo con la naturaleza. Comprendiendo el concepto de bonsái, las personas pueden iniciar una búsqueda permanente de la belleza, el arte y la fuerza perdurable de la naturaleza.

Elegir las especies de árboles adecuadas para principiantes

El bonsái, el arte de cultivar árboles en miniatura, es una actividad fascinante y gratificante que permite a las personas conectar con la naturaleza y expresar su creatividad. Cuando un principiante inicia su camino en el bonsái, debe elegir la especie de árbol adecuada. Cada tipo de árbol tiene características, necesidades de crecimiento y dificultades particulares. En esta sección se tratarán las variables a tener en cuenta a la hora de seleccionar las mejores especies de árboles para principiantes, centrándose en la adaptabilidad de las especies, sus patrones de crecimiento y su idoneidad para el cultivo de bonsáis.

Para los principiantes es crucial elegir especies de árboles que toleren y se adapten a diversas circunstancias ambientales. Algunas especies son más tolerantes y adaptables que otras, y algunas prosperan a determinadas temperaturas. Considere la posibilidad de cultivar especies conocidas por su resistencia, facilidad de mantenimiento y adaptabilidad a la jardinería de bonsáis, como el Olmo Chino (Ulmus parvifolia), el Ficus (Ficus spp.) o el Enebro (Juniperus spp.). Dado que toleran una gran variedad de entornos y tienen una naturaleza indulgente, estas especies tienen más posibilidades de éxito para los principiantes.

Al seleccionar un bonsái para principiantes deben tenerse en cuenta las características de crecimiento de la especie. Algunas especies tienen un crecimiento más lento, por lo que son más fáciles de cuidar para los principiantes. Algunas especies tienen un crecimiento rápido, necesitan podas frecuentes y mantenimiento. Debido a su modesto ritmo de crecimiento, árboles como el Arce Japonés (Acer palmatum) y el Boj (Buxus spp.) permiten a los principiantes perfeccionar progresivamente sus habilidades de poda y estilismo. Los principiantes pueden elegir árboles que se ajusten a su nivel de habilidad y dedicación conociendo las tendencias de crecimiento de los distintos tipos.

El cultivo de árboles de pequeño tamaño es sólo uno de los aspectos del bonsái; esta forma de arte también intenta capturar la belleza y el carácter de los árboles maduros. Debido a sus características, ciertas especies de árboles se prestan naturalmente a la estética del bonsái. Los entusiastas del bonsái suelen seleccionar especies con hojas pequeñas, fascinantes patrones de corteza o estructuras de ramificación distintivas, como el Arce Tridente (Acer buergerianum) o el Pino (Pinus spp.). Estas plantas tienen características que realzan de forma natural su atractivo estético y simplifican la creación de formas y patrones de bonsái deseables.

Para que el bonsái se mantenga sano y vibrante con el paso del tiempo, es esencial tener en cuenta la temperatura y el entorno. Otros son más versátiles, mientras que ciertas especies se dan mejor en determinadas condiciones. Una forma importante de conocer la tolerancia de una especie de árbol al calor, la humedad y la luz solar es estudiar su hábitat natural. Los principiantes pueden proporcionar las condiciones de cultivo ideales, minimizar el estrés del árbol y aumentar sus posibilidades de supervivencia y éxito eligiendo especies compatibles con el clima local.

Las preferencias personales y la conexión emocional no deben ignorarse a la hora de elegir las mejores especies de árboles para principiantes, aunque los factores prácticos son bastante importantes. La selección de una especie que hable al cultivador de bonsáis en particular aumentará su satisfacción general y su dedicación al arte. El cultivo del bonsái es una actividad intensamente personal y estética. Cultivar una relación personal con la especie elegida crea un respeto y una dedicación más profundos a su cuidado y desarrollo, independientemente de si se trata de una especie admirada por su simbolismo o de una especie asociada a gratos recuerdos de la infancia.

Para los principiantes que inician su trayectoria en el mundo del bonsái, elegir la especie de árbol adecuada es un primer paso esencial. Los principiantes pueden hacer juicios bien informados que les sitúen en una buena posición para el éxito teniendo en cuenta aspectos como la adaptabilidad, los hábitos de crecimiento, la adecuación estética para el bonsái, la adaptación medioambiental y la conexión personal. Es fundamental tener en cuenta que el cultivo del bonsái es un proceso de aprendizaje y que los contratiempos y las dificultades son inevitables a lo largo del camino. Los principiantes pueden cultivar sus bonsáis, desarrollar su talento y descubrir el arte y la belleza que el bonsái puede ofrecerles eligiendo especies que les resulten adecuadas e invirtiendo tiempo y esfuerzo en su cuidado.

Los principiantes se encontrarán con una gran variedad de especies de árboles a medida que se adentren en el mundo del bonsái, cada una con sus propios encantos y dificultades. Aproveche la oportunidad de aprender y desarrollarse junto al árbol que haya elegido mientras observa cómo responde a los distintos métodos y rutinas de mantenimiento. El árbol bonsái se convertirá en un compañero para toda la vida y le conducirá por un camino de expresión artística, conexión con la naturaleza y desarrollo personal si tiene paciencia, persistencia y un auténtico respeto por la belleza de la naturaleza.

Herramientas y equipos esenciales para el cultivo de bonsáis

El cultivo de bonsáis es un procedimiento delicado y complejo que requiere herramientas y equipos específicos. Con la ayuda de estas herramientas, los aficionados al bonsái pueden dar forma, diseñar y cuidar sus árboles en miniatura con precisión y cuidado. Cada pieza del equipo, desde las simples herramientas manuales hasta los equipos más avanzados, tiene un uso específico en el arte del bonsái. En esta sección se tratarán las principales herramientas y equipos necesarios para el cultivo del bonsái, junto con sus usos, variaciones y la importancia de elegir herramientas de alta calidad.

Entre las muchas herramientas disponibles, las herramientas manuales son esenciales para dar forma, podar y cuidar los frágiles bonsáis. A continuación, se enumeran las herramientas manuales fundamentales que cualquier aficionado a los bonsáis debe tener a mano. Estas herramientas, que van desde las tijeras de podar hasta los cortaalambres, permiten a los artistas del bonsái esculpir y perfeccionar cuidadosamente sus obras de arte en miniatura.

La base del conjunto de herramientas de un artista del bonsái es un par de tijeras de podar, a veces denominadas tijeras de bonsái o tijeras de podar. Estas herramientas portátiles se utilizan para podar raíces, ramas y follaje. Las tijeras de podar se presentan en una gran variedad de tamaños y diseños y tienen diversas capacidades de corte. Las de filo recto ofrecen cortes limpios y precisos que permiten al artista del bonsái darles forma con exactitud. Por otro lado, las tijeras de punta curva son ideales para alcanzar ramas complicadas y zonas de difícil acceso.

Para cortar ramas y troncos de bonsáis reduciendo las cicatrices visibles se utiliza un instrumento especializado llamado cortador de ramas cóncavo. Su distintivo filo cóncavo produce una herida circular que cicatriza más fácilmente y se integra perfectamente en el contorno natural del árbol. Los artistas del bonsái pueden utilizar un cortador de ramas cóncavo para generar una estructura de ramas y una conicidad afinadas, aumentando el atractivo estético general del árbol.

En el cultivo de bonsáis, los cortadores de perillas -que se parecen en apariencia a los cortadores de ramas cóncavos- cumplen una función especial. Son expertos en eliminar perillas u otras protuberancias de las ramas o troncos de los bonsáis. Los cortadores de perillas permiten a los artistas del bonsái dar forma al árbol con precisión y eliminar protuberancias e imperfecciones no deseadas con su acción de corte de precisión. Los ángulos limpios y las curvas femeninas de la estructura del bonsái se deben en gran medida al uso de esta herramienta.

Los corta alambres son un equipo esencial para la formación y el estilo de los bonsáis. El alambre de cobre o aluminio se utiliza con frecuencia para dar forma y dirigir las ramas hacia los lugares deseados al diseñar un bonsái. Cuando llega el momento de cortar el alambre sin causar ningún daño, las tijeras para cortar alambres acuden al rescate. Estos cortadores están equipados con cuchillas cortas y resistentes que pueden cortar con seguridad alambres de diversos calibres sin poner en peligro el árbol.

El procedimiento de trasplante requiere el uso de tijeras de podar raíces, comúnmente denominadas cortadoras o tijeras de raíces. Para que los bonsáis se mantengan sanos y no se apelmacen a medida que crecen, sus raíces deben podarse con regularidad. Al utilizar tijeras para podar raíces, el artista del bonsái puede recortarlas con cuidado y mantener un sistema radicular fuerte, ya que las hojas fuertes y afiladas de las tijeras realizan cortes limpios.

Esto favorece la absorción ideal de nutrientes y garantiza la salud general del árbol.

Incluso los detalles más pequeños cuentan en el mundo del cultivo de bonsáis. Las pinzas son instrumentos esenciales para realizar operaciones precisas gracias a su forma delgada y sensible. Ayudan a quitar las malas hierbas, a retirar la basura y a colocar con precisión los pequeños cables o ramas. Las pinzas con puntas en ángulo o curvadas proporcionan una mayor maniobrabilidad, lo que las hace perfectas para trabajos delicados en la pequeña maceta del bonsái.

Las técnicas básicas de cultivo del bonsái, como el modelado y el estilizado, permiten a los artistas convertir árboles corrientes en obras de arte vivientes. Estas son algunas de las herramientas clave para dar forma y estilo a los bonsáis.

El arsenal de un artista del bonsái debe incluir alambre para bonsái. Las ramas pueden moldearse y colocarse con precisión, dándoles la forma deseada. Los alambres de aluminio y cobre se utilizan con frecuencia en los bonsáis y están disponibles en varios calibres para adaptarse a los distintos grosores de las ramas. Los artistas pueden crear intrincadas estructuras de ramas enrollando cuidadosamente el alambre alrededor de las ramas y doblándolas suavemente. Cuando llega el momento de cortar el alambre, son útiles los cortadores de alambre para asegurarse de que las ramas queden bien sujetas.

Durante el proceso de estilo, los alicates para bonsái, a veces denominados dobladores de ramas de bonsái o alicates jin, son instrumentos cruciales para ejercer presión y doblar las ramas. Las fuertes mordazas y los bordes redondeados de estos alicates minimizan el daño a la sensible corteza o capa de cambium. Los artistas pueden colocar las ramas con precisión, crear la forma y estructura adecuadas para el bonsái y aplicar un control y palanca finos con la ayuda de los alicates para bonsái.

Para marcar las características de la madera muerta en los bonsáis, se emplean herramientas especializadas denominadas pinzas jin y cuchillas jin. Jin alude a las regiones orgánicas de madera muerta que dan carácter y edad a un árbol. Los alicates Jin tienen puntas afiladas para quitar la corteza, lo que permite crear zonas de madera muerta realistas. Ofrecen a los artistas la oportunidad de manipular la madera muerta y darle un aspecto natural. El tallado de detalles y texturas en la madera muerta con las cuchillas Jin, que tienen hojas estrechas y curvadas, puede mejorar el atractivo estético general del árbol.

Los bonsáis requieren un mantenimiento y unos cuidados regulares, que incluyen mantener las hojas, las ramas y el tronco limpios y en buen estado. Con sus dientes diminutos y puntiagudos, los rastrillos para bonsáis son herramientas delicadas que se utilizan para rastrillar y aflojar la superficie del suelo. Ayudan a eliminar las malas hierbas, la basura y el musgo sin alterar las frágiles raíces del bonsái. Para limpiar las hojas, las ramas y el tronco, se emplean cepillos para bonsáis, a menudo compuestos de cerdas suaves o crin de caballo. Contribuyen a mantener la salud y el atractivo general del árbol eliminando la suciedad, el polvo y el follaje muerto.

Para plantar y exponer los bonsáis se requiere una planificación meticulosa y una gran atención a los detalles. A continuación, se enumeran los equipos fundamentales para plantar y exponer bonsáis. Contribuyen a la estética general y al mantenimiento de estas pequeñas obras de arte.

Existe una gran variedad de formas, tamaños y materiales para las macetas de bonsái, que son esenciales para el crecimiento y la exposición de los árboles de bonsái. Estos recipientes ofrecen un entorno que favorece el desarrollo de las raíces, facilita el drenaje y mantiene el equilibrio estético. Por su resistencia, capacidad aislante y capacidad de retención de la humedad, las macetas de cerámica se utilizan con frecuencia. Proporcionan solidez y un aspecto genuino que realzan la artesanía del bonsái. Como sustituto económico, las macetas de plástico ofrecen una solución ligera y portátil y se utilizan con frecuencia para prebonsáis o árboles jóvenes.

Para que los bonsáis se desarrollen de forma saludable, se requiere una mezcla particular conocida como "tierra de bonsái". Se construye cuidadosamente para ofrecer las mejores circunstancias posibles para el crecimiento de las raíces, incluyendo un drenaje adecuado, aireación y retención de agua. Normalmente, la tierra para bonsáis se compone de una mezcla homogénea de materiales inorgánicos y orgánicos, como perlita o piedra pómez, y materiales orgánicos como compost, musgo de turba o corteza. Gracias a esta composición, se evita el encharcamiento y las raíces pueden acceder a los nutrientes y el oxígeno del suelo. El medio de cultivo equilibrado favorece el vigor general y la longevidad del bonsái.

Un gancho para raíces resulta útil durante el proceso de trasplante para aflojar y peinar delicadamente las raíces de un bonsái. Sin causar daños, ayuda a separar las raíces y a eliminar la tierra vieja. Las puntas curvadas y puntiagudas del gancho para raíces permiten penetrar con precisión en el cepellón y manipularlo suavemente sin dañar el frágil sistema radicular. Este dispositivo es esencial para preservar la buena salud de las raíces y favorecer el éxito del trasplante.

La mejor forma de regar los bonsáis es con una regadera que tenga una boquilla fina y estrecha. Permite regar de forma precisa y estratégica, garantizando que el agua llegue a la zona radicular sin alterar el suelo o la vegetación cercanos. Utilice una regadera con rosetón o una malla fina para distribuir el agua de forma uniforme y evitar la erosión del suelo. Esto garantiza que el agua se libera bajo control, manteniendo el nivel adecuado de humedad para la salud del bonsái.

A la hora de estilizar, podar o exponer un bonsái, una bandeja giratoria, también conocida como soporte de bonsái o lazy Susan, proporciona una plataforma giratoria que facilita el acceso a todos los lados del árbol. Reduce la posibilidad de que se produzcan daños y ofrece comodidad al artista, ya que elimina la necesidad de cambiar de posición el árbol todo el tiempo. La plataforma giratoria permite ver el bonsái en su totalidad desde diversos ángulos, lo que favorece un trabajo artesanal preciso y garantiza que todas las zonas del árbol reciban la misma atención.

El esplendor artístico de los bonsáis se muestra sobre una plataforma elevada conocida como mesa de exposición de bonsáis. Mejora el conjunto de la exposición, proporciona ángulos de visión adecuados y añade atractivo visual. Las mesas de exposición pueden fabricarse por encargo y están disponibles en diversos materiales, como metal, piedra o madera. Estas mesas ofrecen un llamativo telón de fondo que atrae la atención hacia la exquisita elegancia del bonsái y provoca su apreciación.

Adquirir herramientas de bonsái de alta calidad es esencial para obtener resultados precisos y claros y prolongar la vida útil de las propias herramientas. Al recortar o estilizar un árbol, los equipos baratos o de calidad inferior pueden no tener bordes afilados y dañar el árbol. También podrían ser frágiles y necesitar ser sustituidas con frecuencia.

A la hora de elegir, es fundamental optar por herramientas fabricadas con materiales de alta calidad, como acero al carbono o acero inoxidable. Estos materiales son duraderos, resistentes al óxido y mantienen su filo con el paso del tiempo. Además, los mangos ergonómicos hacen que las largas sesiones de bonsái sean más cómodas y prácticas.

Para aumentar la vida útil de las herramientas, es necesario realizar un mantenimiento regular. Después de cada uso, hay que limpiarlas y secarlas para evitar que se oxiden. Cuando sea necesario, hay que afilarlas para garantizar un corte preciso y eficaz. Además, las herramientas se protegen de posibles daños almacenándolas adecuadamente en un entorno estéril y seco.

En conclusión, elegir las herramientas y el equipo adecuados es crucial para el éxito del cultivo del bonsái. Para un mantenimiento y cuidado sencillos, son esenciales herramientas manuales como tijeras de podar, cortadores cóncavos de ramas y tijeras de podar raíces. Utilizando alambre para bonsáis, alicates y cuchillas jin, entre otras herramientas de modelado y estilización, los artistas pueden producir bellos patrones únicos en su especie. El crecimiento y la exposición adecuados de los bonsáis se ven facilitados por el material de cultivo y exposición, como macetas, tierra y regaderas. La precisión, la longevidad y una experiencia de bonsái satisfactoria se garantizan eligiendo equipos de alta calidad y prestando atención a su cuidado. Con el equipo adecuado, los aficionados al bonsái pueden embarcarse en una aventura de imaginación, perseverancia y desarrollo de árboles en miniatura.

Crear el entorno perfecto para un bonsái

Para que los bonsáis florezcan y mantengan su atractivo estético general, hay que crear un entorno perfecto. Debido a su naturaleza delicada y a su diminuta estatura, los bonsáis requieren unas condiciones particulares para sobrevivir. En esta sección veremos los componentes clave necesarios para crear el entorno ideal para un bonsái. Trataremos la importancia de la luz, la temperatura, la humedad, la circulación del aire y los métodos de riego adecuados. Los aficionados al bonsái pueden crear el mejor entorno para el bienestar de sus árboles comprendiendo y poniendo en práctica estos factores.

Uno de los elementos más importantes en el crecimiento y desarrollo de los bonsáis es la luz. Para realizar la fotosíntesis, que es el mecanismo por el que los bonsáis transforman la energía luminosa en energía química, necesitan un equilibrio adecuado de luz. Una exposición suficiente a la luz garantiza un crecimiento fuerte, colores bonitos y hojas sanas. He aquí algunas cosas importantes en las que pensar:

La mayoría de los bonsáis crecen con luz directa y fuerte. Coloque su bonsái en un lugar con al menos seis horas diarias de luz solar directa. Pero ten cuidado porque el sol del mediodía puede quemar la vegetación. Para proteger tu bonsái del calor extremo, trasládalo o emplea estrategias de sombreado.

A menudo se necesita iluminación suplementaria para el desarrollo de bonsáis de interior, sobre todo en invierno, cuando la luz natural es limitada. La intensidad y el espectro de luz necesarios para una fotosíntesis ideal pueden proporcionarse mediante luces de cultivo

LED o fluorescentes con un espectro adecuado para el crecimiento de las plantas. Coloque las luces cerca del bonsái manteniendo una distancia de seguridad para evitar quemarlo.

Para que los bonsáis prosperen y se mantengan sanos, la temperatura es esencial. La mayoría de los bonsáis prefieren temperaturas moderadas, aunque las distintas especies tienen requisitos diferentes. Piense en las siguientes sugerencias:

Los cambios de temperatura estacionales son ventajosos para los bonsáis, especialmente los de hoja caduca. Para recuperarse y prepararse para el nuevo desarrollo de la primavera, necesitan una estación de letargo durante el invierno, con temperaturas más bajas. Averigüe qué temperatura prefiere su especie de árbol y cree el entorno adecuado.

Los bonsáis pueden resultar dañados por las temperaturas extremas, ya sean frías o cálidas. Aísle su bonsái durante el invierno para evitar daños por heladas o trasládelo a una zona protegida. Deben evitarse las fuentes directas de calor, como calefactores o radiadores, porque pueden estresar y deshidratar los bonsáis.

Piense en el clima local en el que crece su bonsái. Las regiones localizadas con condiciones de temperatura y humedad ligeramente variables se denominan microclimas. Observe cómo influyen en la temperatura de su zona edificios, vallas y masas de agua cercanas. Para crear el entorno ideal, cambie la posición de su bonsái en consecuencia.

Para que las plantas de bonsái se mantengan sanas y vivas, hay que mantener unos niveles de humedad adecuados. Los distintos climas del mundo tienen necesidades de humedad diferentes para los bonsáis. He aquí cómo conseguir el equilibrio perfecto de humedad:

Su bonsái tendrá más humedad a su alrededor si lo coloca en una bandeja húmeda con agua y rocas. El bonsái se beneficia del microclima de mayor humedad que se crea al evaporarse el agua. Para evitar que se pudran las raíces, procure no meter la maceta directamente en el agua.

Rociar regularmente las hojas de su bonsái puede ayudar a aumentar los niveles de humedad, especialmente durante los periodos secos o en condiciones interiores de baja humedad. Para humedecer suavemente las hojas sin inundar la tierra, utilice un atomizador de rocío fino.

Colocar los bonsáis en grupo puede producir un microclima con más humedad. Juntos, los árboles transpiran y liberan humedad a la atmósfera, lo que es ventajoso para todos ellos. Para las especies que prosperan con mayor humedad, como las tropicales o subtropicales, este método es muy beneficioso.

Para los bonsáis, una circulación de aire adecuada es crucial, ya que ayuda a evitar la aparición de moho, el aire estancado y las enfermedades. El intercambio de gases, una menor incidencia de infecciones fúngicas y un crecimiento sano se ven facilitados por una ventilación suficiente. Piense en las siguientes técnicas:

La circulación del aire suele ser mejor en el exterior que en el interior. Si es posible, coloque el bonsái en el exterior cuando haga buen tiempo, protegiéndolo del viento fuerte y del calor extremo.

Asegúrese de que haya una circulación de aire adecuada cuando cultive bonsáis en interior. Para favorecer la circulación del aire y evitar la acumulación de aire estancado, abra las ventanas o encienda los ventiladores. Debe evitarse la colocación de bonsáis en espacios reducidos con una circulación de aire inadecuada, ya que podrían producirse problemas relacionados con la humedad y enfermedades fúngicas.

Para que un bonsái viva y prospere, es esencial regarlo correctamente. Tanto el riego excesivo como el insuficiente pueden ser perjudiciales para la salud del árbol. A continuación, se enumeran varios factores de riego importantes:

Numerosas variables, como la especie de árbol, el tamaño de la maceta, el tipo de suelo y las circunstancias climatológicas, afectan a la frecuencia con la que hay que regar las plantas. Es fundamental comprender las necesidades de agua específicas de su bonsái y modificar el programa de riego en consecuencia. Compruebe con regularidad el contenido de humedad de la tierra introduciendo el dedo o un medidor de humedad. No riegue antes de que la superficie de la tierra empiece a secarse.

Asegúrate de que la tierra esté bien saturada antes de regar. Llene la maceta de agua hasta que el exceso salga por los orificios de drenaje del fondo. Evite empapar exclusivamente la superficie, ya que esto podría provocar una distribución desigual de la humedad y un crecimiento poco profundo de las raíces. Para evitar la erosión del suelo o dañar el frágil follaje, utilice una regadera suave o un accesorio de boquilla.

Para el cultivo de bonsáis es esencial contar con un suelo que drene bien. Además de evitar circunstancias de empapamiento que podrían causar la pudrición de las raíces, permite una aireación óptima de las raíces. Utilice una mezcla equilibrada de tierra para bonsáis que ofrezca suficiente drenaje y retenga suficiente humedad para las raíces.

En conclusión, es necesario comprender y equilibrar una serie de parámetros, como la luz, la temperatura, la humedad, el movimiento del aire y los métodos de riego, para crear el entorno ideal para un bonsái. Los aficionados al bonsái pueden favorecer la salud, el crecimiento y el atractivo estético de sus pequeños árboles creando el entorno ideal. Tenga en cuenta las necesidades particulares de su especie de bonsái y adapte las condiciones ambientales según sea necesario. Su bonsái florecerá y le proporcionará placer y felicidad durante años con los cuidados y la atención adecuados.

Capítulo II

El Arte del Bonsái

Principios de diseño y estética del bonsái

Además de ser una práctica hortícola, el bonsái es también una expresión de creatividad y estética por su detallada y artística presentación de árboles en miniatura. Los amantes del bonsái pueden crear composiciones estéticamente agradables siguiendo las reglas del diseño y la estética del bonsái. En esta sección investigaremos los principios fundamentales que rigen el diseño de los bonsáis. Hablaremos de ideas como equilibrio, movimiento, armonía, simplicidad y simbolismo. Los aficionados al bonsái pueden construir atractivas y emotivas exposiciones de bonsáis que capturen la esencia de la belleza natural comprendiendo y poniendo en práctica estas ideas.

En el diseño de bonsáis, la proporción, que se refiere a la relación entre los numerosos componentes del árbol, la maceta y la composición general, es un principio crucial. Lo que queremos conseguir es armonía y equilibrio. Piense en los siguientes elementos proporcionales:

El tamaño del bonsái debe ser proporcional al de la maceta. Lo ideal es que la altura del árbol sea seis veces la altura de la maceta, como pauta general. Con esta proporción, la maceta y el árbol están equilibrados visualmente.

Las ramas del bonsái deben guardar proporción con el tronco. Normalmente, las ramas más gruesas se sitúan cerca de la base del tronco y las más finas cerca del ápice. El estrechamiento progresivo produce una sensación de equilibrio visual y naturalidad.

El espacio negativo, comúnmente denominado espacio vacío, es un componente crucial del diseño de bonsáis. Alude a los espacios abiertos que rodean al árbol y a la maceta. El uso eficaz del espacio negativo contribuye a la armonía general, el equilibrio y la sensación de apertura de la composición.

En una composición de bonsái, el principio de equilibrio se centra en lograr un equilibrio visual. Para transmitir una sensación de estabilidad y armonía, implica dispersar por igual el peso visual. En el diseño de bonsáis, hay dos tipos principales de equilibrio:

Cuando los elementos de un lado de la composición reflejan los del otro, se dice que está en equilibrio formal, también denominado equilibrio simétrico. Como resultado, se crea formalidad y estabilidad. Se emplea con frecuencia en las formas de bonsái más formales y tradicionales.

Se puede crear una composición atractiva sin simetría exacta disponiendo cuidadosamente las piezas para producir un equilibrio informal, comúnmente denominado equilibrio asimétrico. Así se consigue un aspecto más dinámico y orgánico, con sensación de fluidez y movimiento.

Una composición de bonsái debe tener armonía para crear coherencia y unidad. Para crear una presentación unificada y estéticamente agradable, hay que tener en cuenta la estética general, los colores, las texturas y las formas. A continuación, se indican algunos elementos cruciales para lograr la armonía

Cuando elija y coloque su bonsái, tenga en cuenta los colores del follaje, las flores, la corteza y la maceta. Procure que la combinación de colores sea armónica y complementaria para que la composición resulte estéticamente atractiva y cohesiva.

Los bonsáis presentan una gran variedad de texturas: corteza lisa y rugosa, follaje delicado y ramas más gruesas. Una presentación equilibrada y visualmente atractiva se consigue armonizando las texturas en el diseño. Piense en la interacción entre superficies irregulares y lisas, así como en el contraste entre texturas finas y gruesas.

La forma del árbol, sus ramas y su follaje deben complementarse y combinarse entre sí. Piense en la silueta general del árbol, las estructuras de las ramas y la armonía de los espacios positivos y negativos. Las formas que están en armonía producen una sensación de coherencia y fluidez.

Se puede dar a una composición de bonsái una sensación de dinamismo y energía aplicando el principio del movimiento. Para crear la impresión de movimiento y fluidez naturales, las ramas, el follaje y otros materiales deben disponerse cuidadosamente. Piense en los siguientes elementos de creación de movimiento:

Para dar al bonsái una sensación de movimiento y vitalidad, el tronco debe tener curvas, dobleces o torsiones naturales. Evite los troncos apretados y rectos, ya que pueden parecer muertos y estáticos.

Coloque las ramas en una posición que transmita movimiento y dirección. Cree curvas suaves y ángulos que se asemejen a los patrones de crecimiento natural de los árboles utilizando métodos como el alambrado y la poda.

El follaje debe fluir de forma natural con las ramas para dar sensación de movimiento y dirección. Evite disponer el follaje de forma coherente y simétrica porque puede parecer rígido y manufacturado.

El concepto de simplicidad hace hincapié en la gracia, el minimalismo y la eliminación de elementos superfluos. Para lograr una composición clara y despejada, los elementos deben colocarse de forma intencionada y meditada. Piense en los siguientes elementos relacionados con la simplicidad:

Para dar al bonsái una silueta sofisticada y elegante, pode sus ramas y follaje. Elimine cualquier rama o vegetación sobrante que reste valor al aspecto general.

Seleccione recipientes para bonsáis con diseños sencillos que no abrumen al árbol. No utilice recipientes con decoraciones o dibujos elaborados que distraigan la atención de la belleza inherente del bonsái.

Utiliza bien el espacio negativo para transmitir una sensación de sencillez y elegancia. Deja que el árbol y la maceta respiren y destaquen sin sobrecargar la composición con demasiados elementos.

Mediante el uso del principio del simbolismo, los aficionados al bonsái pueden expresar sentimientos, significados y relevancia cultural en sus creaciones. La incorporación de símbolos con significado personal o cultural confiere al bonsái profundidad y sentido narrativo. Piense en los siguientes elementos simbólicos:

Los bonsáis pueden ser un símbolo de tradiciones y valores culturales. Para añadir más profundidad y significado a sus composiciones, infórmese sobre los significados culturales relacionados con determinadas especies de árboles.

El bonsái puede servir como vehículo de expresión de sentimientos, recuerdos o experiencias. Piense en incluir en su exposición de bonsáis elementos que tengan un significado especial para usted, como piedras, estatuillas u otros objetos simbólicos.

La belleza y el simbolismo de cada estación pueden mostrarse a través del diseño de los bonsáis, que pueden cambiar con el paso de las estaciones. Para mejorar el impacto estético e indicar el paso del tiempo, piense en incluir elementos estacionales como flores, frutas o follaje otoñal.

En conclusión, los principios de diseño y estética del bonsái ofrecen un marco para producir composiciones estéticamente agradables y unificadas. Los principios de proporción, equilibrio, armonía, movimiento, simplicidad y simbolismo pueden ser utilizados por los aficionados al bonsái para transformar sus creaciones de simples árboles en macetas en obras de arte vivas. Tenga en cuenta que estas directrices pueden adaptarse e interpretarse para ajustarse a preferencias únicas y a la expresión creativa, en lugar de ser leyes absolutas. Los amantes del bonsái pueden producir impresionantes muestras de bonsái que provoquen inspiración y asombro con la práctica y un profundo respeto por la belleza innata de los árboles.

Técnicas de modelado y poda de bonsáis

En el cultivo del bonsái, el modelado y la poda son métodos cruciales que permiten a los aficionados esculpir y perfeccionar la forma de sus árboles. Los artistas del bonsái pueden crear composiciones estéticamente agradables y visualmente llamativas ajustando cuidadosamente las ramas, el follaje y la estructura general. En esta sección veremos varios métodos de modelado y poda de bonsáis. Se tratarán las técnicas de alambrado, poda, pinzado, defoliación y tallado. Los aficionados al bonsái pueden mejorar su visión artística y producir asombrosas exhibiciones de bonsáis aprendiendo y utilizando estas técnicas.

Las ramas y troncos de los bonsáis se guían y moldean mediante un método llamado alambrado. Para controlar la dirección y la posición del crecimiento de la rama o el tronco, se enrolla un alambre flexible a su alrededor. Las principales características del alambrado son las siguientes:

En función del tamaño y la flexibilidad de la rama o el tronco, elija el calibre y la sustancia del alambre que sean aceptables. Los alambres más finos suelen utilizarse para ramas frágiles y los más gruesos para ramas y troncos más grandes. También suele emplearse alambre de cobre o aluminio.

Asegúrese de que el anclaje está firme pero no demasiado apretado cuando empiece a fijar el alambre en la base de la rama o el tronco. Asegúrese de que el alambre esté uniformemente espaciado y en contacto con la madera antes de envolverlo suavemente en forma de espiral. Debe evitarse cruzar los alambres porque pueden dañarse o dificultar el crecimiento.

El momento óptimo para alambrar las ramas es cuando el árbol está en pleno crecimiento, lo que suele ocurrir en primavera o a principios de verano. Para evitar que el alambre corte la corteza, vigile el crecimiento y ajuste el alambre según sea necesario. Para evitar que el alambre deje cicatrices, retírelo al cabo de unos meses.

Para modificar la forma y la estructura del árbol, la poda es una técnica crucial del cultivo del bonsái que consiste en eliminar cuidadosamente ramas y follaje. La poda ayuda a modelar la silueta adecuada, la ramificación y el control del crecimiento. Tenga en cuenta los siguientes métodos de poda:

Elimine las ramas específicas que interfieran con el equilibrio general o que desvirtúen la forma deseada. Justo por encima del nudo de una hoja o de una yema latente, haga un corte limpio utilizando tijeras de podar para bonsáis o cortadores cóncavos. Ten en cuenta la forma, la anchura y el equilibrio general de la rama en la composición.

Para fomentar la ramificación lateral y producir un perfil más compacto y equilibrado, pode la rama principal o apical. Con este método, la energía del árbol se distribuye de forma más uniforme y se evita un crecimiento vertical excesivo.

Para fomentar la ramificación y favorecer el crecimiento de las yemas laterales, el pinzado consiste en eliminar la yema o el par de yemas terminales. Para que el árbol desarrolle una copa densa y una ramificación más fina, pellizque los nuevos brotes hasta la longitud deseada.

En los bonsáis de hoja caduca, la defoliación es un proceso utilizado para mejorar la ramificación y perfeccionar la proporción general del árbol. Implica la eliminación metódica de las hojas con el fin de promover un nuevo crecimiento y disminuir el tamaño de las hojas. Tenga en cuenta los siguientes factores de defoliación:

Normalmente, la defoliación se lleva a cabo cuando el árbol está completamente deshojado, a finales de primavera o principios de verano. Debe evitarse defoliar árboles débiles o recién trasplantados, ya que puede estresarlos.

Cortar el tallo o pecíolo de la hoja con cuidado le permitirá eliminar las hojas al tiempo que protege las yemas y los brotes emergentes. Para no dañar la yema, mantenga una pequeña parte del pecíolo unida al tallo.

Tras la defoliación, hay que ofrecer al árbol las mejores condiciones posibles para que se recupere y produzca hojas nuevas. Asegúrese de que el árbol esté bien regado, abonado y protegido del viento fuerte y la luz solar. En pocas semanas aparecerán hojas nuevas, a menudo de menor tamaño, que mejorarán la proporción del árbol en su conjunto.

Los aficionados al bonsái pueden utilizar la talla para dar personalidad, textura e intriga estética al tronco y las ramas de sus árboles. Para hacer huecos, jins (madera muerta) y otros elementos artísticos, hay que retirar o manipular cuidadosamente la madera. Piense en los siguientes elementos de talla:

Para retirar o dar forma a la madera, utilice las herramientas de tallado adecuadas, como cinceles, gubias y herramientas giratorias.

Para obtener resultados nítidos y precisos, asegúrese de que las herramientas estén afiladas y reciban el mantenimiento adecuado.

Utilice técnicas de talla para dar textura a la superficie, ahuecar partes del tronco o las ramas, o dar características a la madera muerta. Tenga cuidado para no dañar los tejidos vivos del árbol.

Para evitar el deterioro y las plagas, aplique un sellador o conservante a la madera expuesta. Además, para mejorar el aspecto de los elementos de madera muerta, piense en aplicar azufre de cal u otras sustancias conservantes de la madera.

En conclusión, los aficionados al bonsái pueden transformar sus árboles en obras de arte vivas utilizando procedimientos de modelado y poda, que son importantes para este arte. Los artistas del bonsái pueden cambiar la forma, la estructura y la textura de sus árboles mediante técnicas como el alambrado, la poda, el pinzado, la defoliación y la talla, dando lugar a composiciones fascinantes que capturan la belleza y la esencia de la naturaleza. Cuando se utilizan estos métodos, es crucial hacerlo con precaución, comprensión y paciencia, teniendo siempre presente la salud y vitalidad del árbol. Los aficionados al bonsái pueden dominar el arte del modelado y la poda, llevando sus creaciones a nuevos niveles de belleza y expresión artística, con práctica y un buen ojo para la estética.

Alambrado y estilización del bonsái

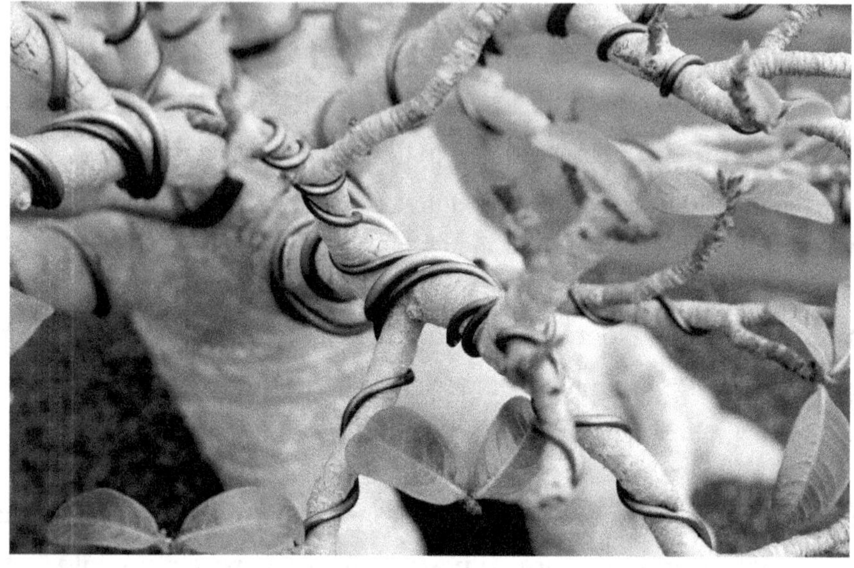

Para dar forma y guiar el crecimiento de sus árboles y convertirlos en obras de arte vivientes, los aficionados al bonsái utilizan procedimientos fundamentales denominados alambrado y estilo. Mientras que el estilo implica la disposición intencionada de ramas, follaje y otras características para producir una composición estéticamente agradable, el alambrado ofrece una forma de manipular las ramas y los troncos. En esta sección vamos a profundizar en las técnicas de alambrado y estilización que se utilizan en los bonsáis. Se tratará el significado del alambrado, la forma de aplicarlo, las consideraciones estilísticas y el papel de la interpretación artística. La habilidad para comprender y dominar estos métodos permitirá a los entusiastas del bonsái producir diseños distintivos y atractivos que transmitan su visión estética.

En el cultivo del bonsái, el alambrado es un método crucial que permite a los aficionados formar las ramas y troncos de sus árboles de acuerdo con los objetivos estéticos deseados. El alambrado es necesario sobre todo por las siguientes razones:

La ubicación y dirección de las ramas puede controlarse con precisión mediante el alambrado, lo que facilita la creación de composiciones bellas y equilibradas. Permite mejorar la estructura general y la forma del bonsái mediante la manipulación de ángulos, curvas y espaciado.

El alambrado permite a los artistas del bonsái controlar la dirección en la que se desarrollan las ramas, dotando al diseño de movimiento y fluidez. Este método ayuda a simular los patrones de desarrollo orgánico de los árboles, añadiendo energía y autenticidad.

Los aficionados a los bonsáis pueden fomentar el crecimiento de ramas secundarias y terciarias, que conducen a una ramificación más fina, mediante el alambrado y la disposición cuidadosa de las ramas. Como resultado, la copa se vuelve más detallada y refinada, dando al diseño del bonsái una mayor profundidad e intriga visual.

Para alambrar bonsáis se necesita precisión, perseverancia y conocimiento de las tendencias de desarrollo del árbol. Para aplicar el alambre con éxito, siga estos pasos:

Dependiendo del tamaño y la flexibilidad de las ramas o troncos, elija un calibre de alambre adecuado. Los alambres más finos se suelen utilizar para ramas frágiles y los más gruesos para ramas y troncos más grandes. También suele emplearse alambre de cobre o aluminio. Tenga en cuenta el nivel adecuado de flexibilidad y resistencia.

Cuando se colocan alambres en un bonsái, el momento es esencial. Lo ideal es utilizar el alambre cuando el árbol está creciendo activamente, lo que suele ocurrir en primavera o a principios de verano. De este modo, el alambre puede dirigir el crecimiento y darle la forma adecuada antes de que se solidifique.

Empieza por fijar el alambre a la base de la rama o el tronco. Asegúrese de que el anclaje es estable pero no está demasiado apretado. Asegúrese de que el alambre está espaciado uniformemente y en contacto con la madera mientras lo enrolla cuidadosamente en espiral alrededor de la rama o el tronco. Debe evitarse cruzar los alambres porque pueden dañarse o dificultar el crecimiento.

Los alambres deben retirarse cuando sea necesario para evitar que penetren en la corteza y dejen cicatrices. Compruebe periódicamente la evolución del árbol y elimine el alambre antes de que se incruste. Esto suele hacerse unos meses después de la colocación del alambre.

La colocación deliberada de ramas, follaje y otros componentes para producir una composición de bonsái estéticamente agradable y armoniosa se conoce como estilización. Tenga en cuenta los siguientes aspectos a la hora de estilizar su bonsái:

El objetivo del estilismo de bonsáis debe ser asemejarse al crecimiento de los árboles en la naturaleza. Estudie cómo se desarrollan los árboles en su entorno natural y tenga en cuenta las características propias de cada especie. Este conocimiento orientará la disposición de las ramas, el realismo de la conicidad y la creación de un diseño equilibrado y orgánico.

Tenga en cuenta cómo afectarán sus decisiones estilísticas a principios de diseño como la proporción, el equilibrio, la armonía y el movimiento. Asegúrese de que la forma general del árbol sea estéticamente agradable, con una copa distribuida uniformemente y una colocación equilibrada de las ramas.

Utilice eficazmente el espacio negativo para añadir atractivo estético y llamar la atención sobre los atributos del árbol. Las zonas vacías o abiertas dentro de la composición se denominan espacio negativo. Asegúrate de que haya suficiente espacio entre las ramas y el follaje para que cada uno pueda respirar y destacar.

La expresión artística personal también forma parte del estilo del bonsái. No dude en añadir su propio estilo e imaginación a la composición, sin dejar de respetar los principios del diseño y la estética natural. Cree un bonsái que se ajuste a su visión artística experimentando con diversas colocaciones de ramas, ángulos y formas generales.

En el cultivo del bonsái, el estilizado y el alambrado son actividades continuas. Para mantener y mejorar el diseño del bonsái, es necesario realizar un mantenimiento y una mejora regulares. Piense en lo siguiente:

Para mantener la forma del bonsái, favorecer la ramificación y perfeccionar el diseño, pódelo con regularidad. Elimine cualquier rama o follaje superfluo que reste valor a la composición en su conjunto. Además, la poda regular garantiza que el bonsái mantenga su proporción a medida que se desarrolla.

Vigila las ramas alambradas y haz los cambios necesarios. A medida que las ramas crecen y se hacen más gruesas, el alambre puede empezar a estar demasiado apretado o a desgarrar la corteza. Antes de que cause daños, afloja o corta el alambre, y luego sustitúyelo según sea necesario.

Revise periódicamente el estilo de su bonsái. Puede ser necesario realizar ajustes a medida que el árbol crece y cambia para preservar su equilibrio estético y su integridad general. La selección del estilo debe cambiar y evolucionar con el árbol.

En conclusión, los aficionados al bonsái pueden modelar y dirigir el crecimiento de sus árboles mediante el alambrado y el estilizado, un enfoque transformador que les permite hacer realidad sus ambiciones artísticas. Los artistas del bonsái pueden regular con precisión la posición, dirección y forma de las ramas y troncos aplicando cuidadosamente alambres. Los bonsáis pueden estilizarse para producir composiciones estéticamente agradables y unificadas teniendo en cuenta los principios del diseño, la estética natural y la interpretación artística individual. El desarrollo y la conservación del diseño del bonsái se garantizan mediante el mantenimiento y la mejora regulares. Los entusiastas del bonsái pueden dominar las técnicas de alambrado y modelado, produciendo bonsáis distintivos y atractivos que muestren su entusiasmo y creatividad, con persistencia, práctica y un profundo aprecio por el arte.

Elección de la maceta adecuada y técnicas de trasplante

Los aspectos vitales del cultivo del bonsái incluyen la selección de la maceta adecuada y la comprensión del procedimiento de trasplante. Además de funcionar como un práctico contenedor para el árbol, la maceta también añade belleza a la composición en su conjunto. El trasplante, por su parte, protege la salud y vitalidad del bonsái al permitir un drenaje correcto y proporcionar el espacio necesario para el crecimiento de las raíces. La importancia de elegir la maceta adecuada, los factores que deben tenerse en cuenta al trasplantar y los consejos sobre los procedimientos de trasplante se tratarán en esta sección. Los aficionados a los bonsáis podrán tomar decisiones con conocimiento de causa y garantizar el éxito a largo plazo de sus árboles si son conscientes de estos factores.

La elección de la maceta de un bonsái no se limita a consideraciones estéticas. La elección de la maceta adecuada es esencial por las siguientes razones:

La maceta debe ser adecuada para el tamaño y la estética del bonsái. Al tiempo que mantiene una relación equilibrada y armónica con la estructura general del árbol, debe dejar espacio suficiente para el crecimiento de las raíces. Una maceta demasiado pequeña puede limitar el crecimiento de las raíces, mientras que una maceta demasiado grande puede entorpecer la delicada belleza del árbol.

La cerámica, el plástico o la arcilla son los principales materiales utilizados para fabricar macetas de bonsái. Cada material ofrece ventajas y aspectos a tener en cuenta. Las macetas de plástico son ligeras y ofrecen un excelente aislamiento, mientras que las macetas de cerámica se prefieren por su longevidad y su atractivo estético. Las macetas de arcilla pueden secarse más rápidamente, pero son porosas y favorecen la circulación de aire hacia las raíces.

Para que los bonsáis se mantengan sanos, es esencial un drenaje adecuado. Para que drene el exceso de agua y no se encharque la tierra, lo que puede provocar la pudrición de las raíces, la maceta debe tener agujeros de drenaje. Tenga en cuenta también el diseño de la maceta y asegúrese de que permite un flujo de aire adecuado alrededor de las raíces.

La maceta debe realzar la presentación general del árbol y combinar con su diseño. Piense en elementos como la forma, el color y la textura para asegurarse de que la maceta realza la belleza inherente del árbol y consigue la estética deseada.

El trasplante es un paso crucial en el cultivo de bonsáis que favorece la salud de las raíces, evita la compactación del suelo y garantiza una correcta absorción de nutrientes. A la hora de decidir si trasplantar un bonsái, tenga en cuenta lo siguiente:

El trasplante suele realizarse cuando el árbol está en reposo o acaba de empezar a crecer. Esto suele ocurrir a principios de primavera, antes de que las yemas crezcan. El trasplante en este momento permite al árbol sanar y desarrollar nuevas raíces antes del inicio de la temporada de crecimiento.

Asegúrese de que las raíces del árbol están en buen estado antes de trasplantarlo para determinar si es necesario hacerlo. Busque indicadores de superpoblación, como raíces circulares o densamente apiñadas. Las raíces firmes, blancas y distribuidas por igual por todo el cepellón indican raíces sanas.

La poda de las raíces durante el trasplante es necesaria para promover un nuevo desarrollo y mantener un sistema radicular pequeño. Para cortar las raíces demasiado largas o dañadas, utilice tijeras afiladas para podar raíces de bonsái. Para asegurarse de que sólo se elimina una parte de la masa radicular, pode las raíces de forma equilibrada.

Para la salud de los bonsáis, es esencial elegir el sustrato de tierra adecuado. En la tierra para bonsáis debe haber un equilibrio entre retención de humedad y drenaje. Utilice una mezcla de tierra específica para bonsáis que drene bien y favorezca la ventilación y la absorción de nutrientes. No debe utilizarse una tierra estándar de jardín porque puede retener demasiada humedad y asfixiar las raíces.

Saber cómo trasplantar correctamente un bonsái garantiza una transición suave y favorece el desarrollo de unas raíces fuertes. Para un trasplante adecuado, siga estas directrices:

La nueva maceta, la mezcla de tierra para bonsái, el alambre (para sujetar el árbol en la maceta) y las tijeras de podar para raíces de bonsái deben reunirse antes de trasplantar. Para asegurarse de que la nueva maceta está bien hidratada, sumérjala en agua.

Afloje suavemente la tierra y desenrede las raíces que puedan estar rodeando el cepellón antes de sacar con cuidado el bonsái de su contenedor actual. Tenga cuidado de no dañar el vulnerable sistema radicular.

Para mantener un sistema radicular compacto, inspeccione las raíces y pódelas. Asegure el equilibrio entre la masa radicular y el follaje eliminando las raíces rotas, enfermas o excesivamente largas.

En el fondo de la nueva maceta, añada una capa de mezcla de tierra para bonsáis y, a continuación, coloque el árbol en el centro. Añada más tierra alrededor de las raíces e introdúzcala con cuidado en los huecos para asegurar un contacto adecuado. Utilice alambre de bonsái para sujetar el árbol en la maceta y mantenerlo erguido y estable.

Riegue bien el árbol después de trasplantarlo para ayudar a que la tierra que rodea las raíces se asiente. Durante unas semanas, coloque el bonsái en un lugar sombreado para reducir el estrés de las raíces. Durante este tiempo, vigile de cerca las necesidades de riego del árbol.

En conclusión, dos partes cruciales del cultivo del bonsái son la selección de la maceta adecuada y la comprensión del procedimiento de trasplante. La maceta mejora el atractivo estético del bonsái, además de su uso práctico como contenedor. El trasplante, por otra parte, protege la salud y vitalidad del árbol al dejar espacio suficiente para el desarrollo de las raíces y favorecer un drenaje correcto. Al elegir una maceta, los aficionados al bonsái pueden proporcionar a sus árboles el mejor entorno posible teniendo en cuenta elementos como el tamaño, el material, el drenaje y la estética. Del mismo modo, la utilización de los métodos de trasplante adecuados -incluidos el momento oportuno, la evaluación de las raíces, la poda y el uso del sustrato de tierra apropiado- fomentará el desarrollo saludable de las raíces y el desarrollo general del árbol. Los aficionados al bonsái pueden garantizar el éxito y la belleza a largo plazo de sus árboles si toman las medidas necesarias y siguen los procedimientos adecuados.

Capítulo III

La Ciencia del Bonsái

Comprender la biología de los árboles en el cultivo del bonsái

Para desarrollar con éxito un bonsái es necesario un conocimiento profundo de la biología de los árboles. Los entusiastas del bonsái pueden cultivar un enfoque holístico de sus prácticas de cultivo aprendiendo sobre el complejo funcionamiento interno de los árboles, asegurando la salud, el vigor y la vida útil de sus especímenes de bonsái. En esta sección se tratarán los elementos fundamentales de la biología de los árboles que son esenciales para el cultivo de bonsáis. Repasaremos la estructura de los árboles, los procesos de fotosíntesis y transpiración, la función de las hormonas en el control del crecimiento y los efectos de los cambios de estación. La comprensión de estos conceptos biológicos básicos permitirá a los aficionados a los bonsáis tomar decisiones acertadas, proporcionar a sus árboles los cuidados que necesitan y cultivarlos en las circunstancias ideales.

Es crucial comprender la estructura anatómica de los árboles para entender la biología de los árboles utilizados en el cultivo de bonsáis. Las características anatómicas importantes de los árboles que se aplican a los bonsáis son las siguientes:

El tronco es el centro de la estructura y el soporte del árbol. El grosor, la conicidad y la textura de la corteza del bonsái contribuyen a la belleza general del árbol. La edad del árbol también puede determinarse analizando los anillos de crecimiento del tronco.

Del tronco sobresalen las ramas, cruciales para el transporte de nutrientes y la fotosíntesis. El dosel y la cantidad de follaje del bonsái se sustentan en ellas. Los métodos de poda y alambrado se basan en el conocimiento del desarrollo de las ramas, los ángulos de inserción y la dominancia apical.

La fotosíntesis, el proceso mediante el cual los árboles convierten la luz solar, el dióxido de carbono y el agua en energía, depende fundamentalmente de las hojas. Las distintas especies de árboles tienen hojas diferentes en cuanto a tamaño, forma, color y textura, lo que afecta al aspecto del bonsái en su conjunto.

Las raíces del árbol absorben agua y nutrientes y lo mantienen en el suelo. Comprender los patrones de crecimiento de las raíces, el desarrollo radial de los nebari y los métodos de poda de las raíces es esencial para mantener plantas sanas y con las proporciones adecuadas en el cultivo de bonsáis.

El cultivo de bonsáis depende en gran medida de los procesos biológicos fundamentales de la fotosíntesis y la transpiración en los árboles. Comprender estos procedimientos permite a los aficionados a los bonsáis ofrecer a sus árboles el mejor cuidado y entorno posibles.

El proceso por el que los árboles producen glucosa (energía) y oxígeno a partir de la luz solar, el dióxido de carbono y el agua se conoce como fotosíntesis. La clorofila, una sustancia que se encuentra en las hojas, absorbe la luz solar e inicia los procesos químicos necesarios para la fotosíntesis. Para sostener un crecimiento sano y mantener las reservas de energía, las plantas de bonsái necesitan estar expuestas a suficiente luz.

El vapor de agua se expulsa de las hojas y tallos de los árboles mediante la transpiración. En la superficie de la hoja, tiene lugar a través de unas diminutas aberturas conocidas como estomas. La transpiración, que genera una fuerza de succión que aspira el agua desde las raíces, es esencial para el aporte de agua y nutrientes. Para que los bonsáis eviten la sequedad y mantengan unas tasas de transpiración saludables, es crucial un riego y una gestión de la humedad adecuados.

Para controlar el crecimiento y el desarrollo de los árboles, las hormonas son extremadamente importantes. Entender cómo funcionan permite a los profesionales del bonsái controlar los patrones de crecimiento, promover la ramificación y regular el tamaño de los árboles.

Las auxinas son hormonas que causan la dominancia apical, una condición en la que la yema apical de un árbol impide el desarrollo de las yemas laterales. Un aficionado al bonsái puede pellizcar o podar deliberadamente la yema apical para promover la ramificación lateral y producir las formas ideales de árbol conociendo la función de las auxinas.

Las citoquininas afectan a la formación de yemas y fomentan la división celular. Los aficionados al bonsái pueden controlar el crecimiento de las yemas, fomentar la ramificación y crear una estructura equilibrada del árbol ajustando los niveles de citoquininas mediante podas, injertos o inyecciones de hormonas.

Las giberelinas son hormonas que controlan la longitud de los entrenudos y el alargamiento celular. Los aficionados al bonsái pueden controlar las proporciones de los árboles y favorecer el desarrollo compacto en algunas especies conociendo sus efectos.

Las variaciones estacionales tienen un gran impacto en el desarrollo y crecimiento de los árboles en la horticultura del bonsái.

Comprender estos cambios estacionales permite a los aficionados al bonsái modificar sus procedimientos de mantenimiento.

Los meses de invierno son una época de letargo para muchas especies arbóreas. Al reconocer el letargo, los aficionados al bonsái pueden modificar sus rutinas de riego, abonado y poda para crear el entorno ideal para que el árbol descanse y se regenere.

Los árboles experimentan un periodo de rápido crecimiento en primavera. En esta etapa de crecimiento activo, los aficionados a los bonsáis deben concentrarse en suministrarles suficiente luz, fertilizantes y agua.

En verano hay que prestar mucha atención al riego, ya que los bonsáis pueden secarse rápidamente debido a las altas temperaturas y a la evaporación. También puede ser necesario proteger el árbol de la luz solar directa y proporcionarle sombra suficiente.

Numerosas especies de árboles muestran vibrantes cambios de color en el follaje durante el otoño. Los aficionados a los bonsáis pueden mejorar su aspecto si les proporcionan la iluminación adecuada y cambian los procedimientos de riego. El bonsái debe protegerse de las bajas temperaturas, los vientos fuertes y la humedad intensa durante los meses de invierno.

En conclusión, el éxito del cultivo del bonsái depende del conocimiento de la anatomía del árbol. Es posible que los aficionados a los bonsáis proporcionen a sus árboles los cuidados adecuados y cultiven las circunstancias ideales de crecimiento conociendo la anatomía de los árboles, los procesos de fotosíntesis y transpiración, la función de las hormonas y los efectos de las variaciones estacionales. Al poner en práctica estos conocimientos, los aficionados al bonsái pueden elegir sabiamente a la hora de alambrar, regar, abonar y cuidar el árbol en general. La capacidad de apreciar y dominar el arte del bonsái se ve reforzada en última instancia por un conocimiento profundo de la biología de los árboles, que permite la construcción de bellos y armoniosos árboles en miniatura.

Composición del suelo y técnicas de riego adecuadas

Para que los bonsáis crezcan con éxito, son esenciales unos métodos de riego y una composición del suelo adecuado. Para la salud y el crecimiento del árbol, la composición ideal del suelo ofrece los nutrientes, la retención de agua y el drenaje necesarios. Además, saber cómo regar correctamente garantiza que los árboles bonsái reciban la cantidad adecuada de humedad sin correr el riesgo de ser regados en exceso o de forma insuficiente. En esta sección, veremos la importancia de la composición del suelo en el cultivo de bonsáis, repasaremos los elementos de la mezcla de suelo perfecta, examinaremos el valor de los métodos de riego adecuados y ofreceremos consejos sobre cómo regar los bonsáis. La capacidad de producir unas circunstancias de crecimiento ideales para sus árboles y mantener su salud y vitalidad a largo plazo permitirá a los aficionados al bonsái utilizar estos elementos.

La salud y el desarrollo de los bonsáis dependen en gran medida del suelo en el que se cultivan. Para el cultivo de bonsáis, la composición del suelo es crucial por las siguientes razones principales:

La principal fuente de nutrientes para los bonsáis es el suelo. Ofrece los componentes necesarios para el crecimiento, el desarrollo de las hojas y la salud general del árbol. La disponibilidad de nutrientes en una forma que el árbol pueda absorber fácilmente está garantizada por la composición adecuada del suelo.

Para los bonsáis es necesario un cuidadoso equilibrio entre la retención de agua y el drenaje. El suelo debe ser capaz de retener la humedad sin anegarse. Para promover un crecimiento sano, un drenaje adecuado evita la pudrición de las raíces y permite que el oxígeno llegue a ellas.

En los bonsáis, la composición del suelo influye directamente en el desarrollo de las raíces. Una mezcla de tierra que drene correctamente favorece el desarrollo de las raíces y evita su asfixia o compactación. Permite que las raíces penetren en el suelo y desarrollen un sistema radicular sólido y robusto.

La retención de agua y el drenaje deben estar equilibrados en la mezcla de tierra adecuada para el cultivo de bonsáis. A continuación, se indican los principales elementos de una mezcla de tierra para bonsáis bien ajustada:

Los componentes inorgánicos como la roca de lava, la piedra pómez y la akadama se utilizan con frecuencia en las mezclas de tierra para bonsáis. Un tipo concreto de arcilla, la akadama, retiene bien el agua y permite un drenaje eficaz. La roca de lava y la piedra pómez favorecen la circulación del aire y minimizan la compactación, garantizando que las raíces reciban suficiente oxígeno.

Los componentes orgánicos ayudan al suelo a retener los nutrientes y fomentan la actividad microbiana. Algunos ejemplos son la corteza compostada, el musgo de turba y el musgo esfagno. Estos componentes aportan materia orgánica que mejora la estructura del suelo y la disponibilidad de nutrientes.

En las mezclas de tierra para bonsáis suelen incluirse partículas de distintos tamaños. Esta combinación de partículas gruesas y finas favorece un drenaje y una retención del agua ideales. Mientras que las partículas gruesas favorecen la circulación del agua y ayudan a evitar el encharcamiento, las partículas finas ayudan a retener la humedad.

Otro factor crucial es el nivel de pH de la mezcla de tierra. La mayoría de los bonsáis tienen un pH entre ligeramente ácido y neutro. El nivel de pH de la mezcla de tierra debe comprobarse y ajustarse según sea necesario para garantizar que la capacidad del árbol para absorber nutrientes no se vea comprometida.

La salud y vitalidad de los bonsáis debe mantenerse mediante el uso de métodos de riego adecuados. Los factores clave para un riego eficaz son los siguientes:

Numerosas variables, como la especie de árbol, el tamaño de la maceta, las circunstancias climatológicas y la composición del suelo, afectan a la frecuencia con la que hay que regar las plantas.

Como norma general, riegue los bonsáis cuando la superficie de la tierra empiece a secarse, pero antes de que se seque del todo. Utilice un medidor de humedad o introduzca el dedo en la tierra para comprobar los niveles de humedad.

Asegúrate de que el cepellón esté completamente saturado mientras riegas. Llene la maceta de agua hasta que el agua salga por los orificios de drenaje del fondo. Esto favorece una hidratación adecuada y garantiza que el agua llegue a todo el sistema radicular.

Cuando riegue bonsáis, tenga cuidado de no emplear demasiada fuerza, ya que podría remover la tierra y dañar la frágil estructura de las raíces. Para dispersar el agua adecuadamente, utilice una regadera blanda o una boquilla de rociado fino. Las quemaduras solares y las infecciones fúngicas pueden evitarse rociando directamente la superficie del suelo en lugar de las hojas.

La calidad del agua es crucial para el cuidado de los bonsáis. Si es posible, utilice agua sin cloro. Si el agua del grifo que desea utilizar para regar sus bonsáis tiene altos niveles de cloro, déjela reposar en un recipiente abierto durante unas horas para que el cloro se evapore.

Adapte sus técnicas de riego a los cambios de estación. Debido al aumento de la evaporación durante los calurosos meses de verano, puede ser necesario regar los bonsáis con más frecuencia. Por el contrario, limite el riego durante los meses más fríos o las estaciones de letargo para evitar mojar demasiado el suelo.

En conclusión, los métodos de riego adecuados y la composición del suelo son componentes esenciales del cultivo de bonsáis. El equilibrio ideal entre retención de agua y drenaje lo proporciona una mezcla de suelo correcta, que permite el mejor crecimiento de las raíces y la mejor disponibilidad de nutrientes. Los aficionados al bonsái pueden crear un entorno de crecimiento favorable para sus árboles si comprenden los elementos de una mezcla de suelo óptima y sus funciones. Un bonsái recibirá la cantidad de humedad necesaria sin que se le riegue en exceso o en defecto si domina las prácticas de riego adecuadas. Los aficionados a los bonsáis pueden preservar la salud y vitalidad de sus plantas si tienen en cuenta elementos como la frecuencia de riego, la cantidad, las técnicas y la calidad del agua. Los aficionados a los bonsáis podrán disfrutar durante años de la belleza y la vida útil de sus árboles en miniatura utilizando una composición del suelo adecuada y técnicas de riego eficaces.

Fertilización y gestión de nutrientes

El éxito del cultivo de bonsáis depende de la gestión de los nutrientes y la fertilización. Para promover su desarrollo, salud y vitalidad general, los bonsáis necesitan un suministro constante de nutrientes. Los entusiastas del bonsái pueden suministrar los materiales necesarios en las cantidades y momentos adecuados si comprenden los fundamentos de la fertilización y la gestión de nutrientes. En esta sección, veremos el valor de la fertilización en el cultivo de bonsáis, repasaremos los nutrientes esenciales que necesitan los bonsáis, examinaremos varios tipos de fertilizantes y ofreceremos consejos sobre buenas prácticas de fertilización y gestión de nutrientes. Los aficionados al bonsái pueden asegurar unos niveles ideales de nutrientes, fomentar un crecimiento fuerte y mejorar el atractivo estético de sus plantas de bonsái dominando estas áreas.

Para los bonsáis, la fertilización es vital, ya que repone los nutrientes que pueden agotarse con el tiempo. Los siguientes puntos destacan la importancia de la fertilización en el cultivo de bonsáis:

En comparación con sus homólogos en el suelo, los bonsáis que crecen en contenedores tienen menos acceso a las fuentes naturales de nutrientes. Las deficiencias de nutrientes, que pueden provocar un crecimiento atrofiado, hojas amarillentas y una disminución del vigor general, pueden evitarse con una fertilización regular.

Una fertilización adecuada aporta los nutrientes necesarios para un crecimiento vigoroso, incluido el crecimiento de raíces, ramas y follaje fuertes. Fomenta una estructura arbórea sana, brotes fuertes y una masa de follaje denso.

El atractivo estético de los bonsáis depende de la fertilización. Favorece el desarrollo de ramitas finas, aumenta la producción de ramificaciones densas y ayuda a conservar el color brillante de las hojas.

Para que las plantas de bonsái crezcan y se desarrollen al máximo son necesarios diversos nutrientes. Una gestión eficaz de la nutrición requiere conocer los nutrientes claves y sus funciones. Los nutrientes esenciales que necesitan los bonsáis son:

Al favorecer la creación de clorofila, el pigmento responsable de la fotosíntesis, el nitrógeno es esencial para el crecimiento del follaje. Favorece un crecimiento fuerte y un follaje verde, sano y exuberante.

El fósforo es necesario para que las plantas desarrollen sus raíces, florezcan y den fruto. Mejora la salud general de la planta, favorece el desarrollo de las raíces y estimula el flujo de energía por todo el árbol.

El potasio ayuda a las plantas a ser más resistentes a los retos medioambientales y a mantener una buena salud general. Potencia la absorción de agua, aumenta la resistencia a las enfermedades y favorece la absorción de nutrientes.

En menores cantidades, las plantas de bonsái también necesitan nutrientes secundarios como calcio (Ca), magnesio (Mg) y azufre (S). Estos nutrientes contribuyen al desarrollo de las estructuras celulares, la activación de enzimas y la producción de clorofila, entre otras funciones fisiológicas.

Es necesario tener trazas de micronutrientes como hierro (Fe), manganeso (Mn), zinc (Zn), cobre (Cu), molibdeno (Mo) y boro (B). Estos nutrientes son esenciales para el funcionamiento de las enzimas, la absorción de nutrientes y el metabolismo general de la planta.

Para el cultivo de bonsáis, existe una gran variedad de fertilizantes, cada uno con cualidades y beneficios únicos. El mejor abono para las plantas de los aficionados al bonsái puede elegirse conociendo los distintos tipos de abonos:

Los abonos orgánicos proceden de materiales orgánicos como las algas, el compost, el estiércol y la harina de huesos. A medida que se descomponen, liberan nutrientes de forma constante, proporcionando un flujo constante de nutrientes. Los abonos orgánicos estimulan la actividad microbiana, refuerzan la estructura del suelo y favorecen su salud a largo plazo.

Los abonos inorgánicos (sintéticos) preparados químicamente aportan nutrientes en formas fácilmente absorbibles. Proporcionan una gestión exacta de la proporción de nutrientes y son absorbidos rápidamente por el árbol. Gránulos, polvos y concentrados líquidos son sólo algunas de las diversas formulaciones de fertilizantes inorgánicos disponibles.

Los fertilizantes de liberación controlada se fabrican para liberar nutrientes gradualmente durante un largo periodo de tiempo. Se ofrecen en forma de gránulos o pastillas recubiertas, lo que permite una administración gradual y fiable de nutrientes. Para los aficionados a los bonsáis, los fertilizantes de liberación controlada ofrecen una alternativa práctica y reducen la frecuencia de los tratamientos.

Los árboles bonsái reciben los nutrientes adecuados en las cantidades correctas gracias a unos métodos de fertilización y una gestión de nutrientes eficaces. Para una fertilización eficaz, tenga en cuenta lo siguiente:

Durante la temporada de crecimiento, cuando los bonsáis necesitan activamente nutrientes para crecer, abónelos. Desde principios de la primavera hasta finales del verano suelen coincidir con este periodo. Dependiendo de las necesidades específicas de cada especie de árbol, ajuste el plan de fertilización.

Deben seguirse las recomendaciones del fabricante en cuanto a dosis de aplicación del abono. Evite tocar directamente el tronco o el follaje al distribuir uniformemente el abono por la superficie del suelo. El exceso de abono puede provocar desequilibrios de nutrientes o quemaduras en las raíces.

Tras la fertilización, riegue los bonsáis de inmediato para garantizar una absorción óptima de los nutrientes y reducir el riesgo de quemaduras en las raíces. El riego facilita la distribución uniforme de los nutrientes por el suelo y favorece su absorción por las raíces.

Para determinar con precisión las necesidades de abono del árbol, analice periódicamente el pH y el contenido en nutrientes del suelo. El análisis del suelo permite a los aficionados a los bonsáis modificar los procedimientos de fertilización en función de las necesidades específicas del árbol.

Puede ser necesario ajustar la proporción de nutrientes en función de la fase de crecimiento del bonsái y de sus necesidades específicas. Por ejemplo, los fertilizantes con un alto contenido en nitrógeno son ventajosos durante la fase de crecimiento, mientras que los que tienen un mayor contenido en fósforo pueden ser apropiados para la floración o el desarrollo de las raíces.

La adición de materia orgánica al suelo, en forma de compost u otros fertilizantes orgánicos, ayuda a preservar la fertilidad del suelo a largo plazo y aumenta la cantidad de nutrientes disponibles.

Por último, cabe señalar que la fertilización y la gestión de nutrientes adecuadas son esenciales para el éxito del cultivo de bonsáis. Los aficionados a los bonsáis pueden alimentar sus árboles con la mejor nutrición si comprenden la importancia de la fertilización, los nutrientes esenciales que necesitan las plantas de bonsái y las diversas formas de fertilizantes. Los aficionados a los bonsáis pueden fomentar un desarrollo vigoroso, mejorar el atractivo estético de sus árboles y mantener su salud y vitalidad a largo plazo siguiendo unas prácticas de fertilización adecuadas, teniendo en cuenta el calendario, las dosis de aplicación y las modificaciones de los nutrientes. Los bonsáis florecen y el arte de su cultivo se hace realidad gracias a una gestión eficaz de la fertilización.

Plagas y enfermedades en los bonsáis

La salud y vitalidad de los bonsáis se ven seriamente amenazadas por plagas y enfermedades. Si no se tratan, estos indeseables huéspedes pueden dañar las hojas del árbol, deteriorar su estructura y, posiblemente, provocar su muerte. Por tanto, la salud de los bonsáis debe mantenerse conociendo las enfermedades y plagas comunes que les afectan, tomando medidas preventivas y utilizando técnicas de tratamiento eficaces. Abordaremos las plagas y enfermedades típicas, estudiaremos las medidas preventivas y ofreceremos consejos sobre cómo tratar adecuadamente las infestaciones y enfermedades a medida que examinamos la importancia del control de plagas y enfermedades en el cultivo del bonsái. Podemos preservar la salud y la resistencia a largo plazo de los bonsáis dotando a los aficionados de información y tácticas.

La gestión de plagas y enfermedades es esencial en el cultivo de bonsáis por varias razones:

La salud de los bonsáis puede verse comprometida por plagas y enfermedades, que pueden provocar retraso en el crecimiento, defoliación e incluso la muerte. Los árboles pueden sobrevivir y crecer si se utilizan técnicas adecuadas de control de plagas y enfermedades.

Los bonsáis son apreciados por su valor estético y su belleza. Las cualidades estéticas del árbol pueden disminuir como resultado de la infestación por plagas y enfermedades, que pueden provocar la decoloración de las hojas, la deformación de las hojas o daños en la estructura general del árbol. El atractivo estético de los bonsáis puede preservarse mediante una gestión proactiva.

Las plagas y enfermedades tienden a propagarse rápidamente, dañando a las plantas cercanas además de al árbol afectado. Los aficionados al bonsái pueden evitar la propagación de enfermedades e infestaciones a otros árboles y reducir los posibles daños controlándolas rápidamente.

Numerosas plagas y enfermedades pueden afectar a los bonsáis. A continuación, se enumeran algunos de los problemas más típicos en el cultivo de bonsáis:

Pulgones, cochinillas, cochinillas harinosas, arañas rojas y orugas son algunas de las plagas de insectos que pueden infestar los bonsáis. Dañan las hojas, las ramas y el tronco al alimentarse del follaje, la savia o la madera. En circunstancias extremas, pueden perjudicar la salud del árbol en su conjunto.

Los bonsáis son susceptibles a enfermedades fúngicas como el oídio, la podredumbre de la raíz y numerosas enfermedades de manchas foliares. Si no se tratan, estas enfermedades pueden causar el marchitamiento, la muerte y la decoloración de las hojas, ya que prosperan en ambientes húmedos.

Los bonsáis también son vulnerables a las enfermedades bacterianas y víricas. Estas infecciones pueden provocar manchas en las hojas, cancros, retraso del crecimiento y un deterioro general de la salud del árbol. Para controlar eficazmente las infecciones víricas y bacterianas, la prevención y la detección precoz son cruciales.

Para reducir los problemas de plagas y enfermedades en los bonsáis, la prevención es esencial. Las siguientes son precauciones cruciales que hay que tomar:

Eliminando de forma rutinaria las malas hierbas, los residuos y las hojas caídas, puedes mantener la zona alrededor de tu bonsái limpia y ordenada. Esto reduce el número de zonas en las que podrían esconderse los bichos y elimina posibles focos de enfermedades.

Ponga en cuarentena los nuevos bonsáis o material vegetal durante un tiempo para detectar cualquier signo de plaga o enfermedad antes de añadirlos a su colección. Revise los árboles con frecuencia en busca de signos de enfermedad o infestación.

Coloque los bonsáis en lugares adecuados para ellos, con suficiente luz solar y circulación de aire, y sin que estén demasiado amontonados. En circunstancias ideales, los árboles sanos son más resistentes a plagas y enfermedades.

Para prevenir las enfermedades fúngicas, es esencial aplicar técnicas de riego adecuadas. Evite regar en exceso porque puede favorecer la aparición de hongos. En lugar de pulverizar el follaje, riegue directamente la tierra para reducir el peligro de enfermedades foliares.

Para evitar el encharcamiento, que puede causar la pudrición de las raíces y otras enfermedades fúngicas, asegúrate de que el suelo drena correctamente. Utilice mezclas de tierra ideales para el cultivo de bonsáis que drenen correctamente.

Una fertilización suficiente permite mantener un buen equilibrio de nutrientes y favorece la salud y resistencia de los árboles. Los árboles sanos toleran mejor la presión de plagas y enfermedades.

Las infestaciones de plagas y enfermedades siguen siendo posibles a pesar de las precauciones. He aquí algunas soluciones prácticas para superar estas dificultades:

Determine la plaga o enfermedad concreta que está dañando su bonsái. Este proceso es esencial para elegir la mejor estrategia de tratamiento.

En otros casos, la eliminación manual de las plagas -como la recogida manual de orugas o la eliminación de cochinillas- puede ofrecer un alivio inmediato.

Controle las plagas de insectos utilizando técnicas naturales de control de plagas como jabones insecticidas, aceite de neem o aceites hortícolas. Estos métodos de control de plagas sin dañar a los insectos beneficiosos suelen ser seguros y eficaces.

En caso necesario, pueden utilizarse fungicidas o insecticidas químicos. Para reducir los posibles daños al árbol, al medio ambiente y a los insectos útiles, tenga cuidado al aplicar estos productos y preste mucha atención a las instrucciones.

Aplicar la gestión integrada de plagas (GIP), que incorpora comportamientos culturales, medidas preventivas y estrategias de tratamiento selectivo. La GIP hace especial hincapié en el uso de tácticas ecológicas para gestionar eficazmente enfermedades y plagas.

Cuando se trate de plagas o enfermedades graves, pida consejo a aficionados al bonsái, horticultores o arboricultores. Dependiendo de su nivel de experiencia, pueden ofrecer recomendaciones específicas u orientación sobre los enfoques de tratamiento adecuados.

En conclusión, la gestión de plagas y enfermedades es esencial para el cultivo del bonsái. Los aficionados al bonsái pueden preservar la salud y vitalidad de sus árboles apreciando el valor de las medidas preventivas, identificando las plagas y enfermedades frecuentes, poniendo en práctica medidas preventivas y utilizando técnicas de tratamiento eficaces. En la resistencia general de los bonsáis influyen la observación regular, los buenos hábitos de higiene, la ubicación adecuada del árbol y una alimentación sana. Cuando surgen infestaciones o enfermedades, la detección a tiempo y el uso de estrategias de gestión adecuadas, como la gestión integrada de plagas y el control orgánico de plagas, contribuyen a proteger los árboles y a mantener su atractivo visual. Los aficionados al bonsái pueden beneficiarse de la belleza y la salud duraderas de sus valiosos bonsáis siendo proactivos y utilizando técnicas eficaces de control de plagas y enfermedades.

Capítulo IV

Cuidado y
Mantenimiento del Bonsái

Pautas para el cuidado estacional de los bonsáis

Para que los bonsáis florezcan y mantengan su belleza durante todo el año, es necesario prestarles una atención y unos cuidados específicos. El desarrollo, la salud y el bienestar general de los bonsáis se ven afectados por los cambios estacionales, lo que exige unos cuidados específicos para cada estación. En esta sección analizaremos las recomendaciones para el cuidado de los bonsáis en primavera, verano, otoño e invierno. Los aficionados al bonsái pueden mantener la vitalidad y durabilidad de sus preciados árboles conociendo los requisitos particulares de los bonsáis durante cada estación y utilizando las técnicas de cuidado adecuadas.

Para los bonsáis, la primavera es una época de crecimiento activo y renovación. El comienzo del año es crucial para sentar las bases del resto del año. Durante este tiempo, es crucial ejecutar las siguientes técnicas de cuidado:

En primer lugar, cuando el árbol entra en su periodo de desarrollo en primavera, se aconseja trasplantarlo. El trasplante permite mantener las raíces, renovar el suelo y promover un desarrollo sano durante todo el año. Además, la primavera es un buen momento para alambrar y podar las estructuras. La poda aumenta la ramificación, da forma al árbol y corta las ramas no deseadas. El alambrado permite doblar y dar forma a las ramas para producir las formas de bonsái deseadas.

Además, la fertilización es crucial en primavera para suministrar los nutrientes necesarios para un crecimiento sano. Para favorecer el desarrollo del follaje y el vigor general, utilice abonos equilibrados con un mayor contenido en nitrógeno. Vigile de cerca los niveles de humedad del suelo y ajuste el riego según sea necesario. Para evitar que la tierra se seque cuando sube la temperatura, puede ser necesario regar los bonsáis con más frecuencia.

Por último, pero no por ello menos importante, es fundamental revisar con frecuencia los árboles en busca de signos de plagas y enfermedades. Aplique medidas preventivas, como retirar las hojas caídas, mantener buenos hábitos de higiene y, si es necesario, utilizar técnicas orgánicas de control de plagas.

El verano trae consigo temperaturas más cálidas y más luz solar, lo que requiere procedimientos de mantenimiento particulares para proteger los bonsáis. Piense en las siguientes sugerencias:

Para evitar la deshidratación durante los calurosos meses de verano, el riego es de suma importancia. Riegue los bonsáis a fondo y con constancia, controlando con frecuencia el contenido de humedad de la tierra y modificando la frecuencia de riego según sea necesario.

Para evitar quemaduras solares y quemaduras en las hojas, los bonsáis deben estar a la sombra durante las horas más calurosas del día.

Para mantener el crecimiento y la salud general de los árboles, es necesario fertilizarlos regularmente con un abono equilibrado. Dependiendo de las necesidades particulares de la especie arbórea, ajuste la dosis de abono. Durante el verano, los cuidados regulares y la poda también son cruciales. La eliminación del follaje sobrante aumenta la circulación de aire y reduce la pérdida de agua por transpiración. Vigila regularmente la aparición de enfermedades y plagas, y si detectas alguna, toma las medidas necesarias.

Para los bonsáis, el otoño es una época de transición en la que se preparan para el reposo vegetativo. Durante este tiempo, es vital ejecutar las siguientes técnicas de cuidado:

El otoño es el momento de realizar el mantenimiento de las hojas. Para mantener el orden y evitar la acumulación de humedad, que puede dar lugar a enfermedades fúngicas, retira rutinariamente las hojas caídas. A principios de otoño, utiliza un fertilizante equilibrado para aportar al árbol nutrientes vitales antes de que entre en reposo vegetativo. Esto fomenta el crecimiento de las raíces y prepara al árbol para el invierno.

La poda ligera debe servir para mantener la forma del árbol y eliminar las ramas enfermas o muertas. Evite las podas fuertes, ya que pueden favorecer la aparición de nuevos brotes que no tendrán tiempo de endurecerse antes del invierno. Lleve los bonsáis al interior o aíslelos lo suficiente para protegerlos de las heladas. Para evitar el encharcamiento y la pudrición de las raíces, la frecuencia de riego debe variar en función de la temperatura y las precipitaciones.

Para los bonsáis, el invierno es una época de letargo, por lo que se requieren procedimientos de mantenimiento particulares para garantizar su vida y bienestar:

Coloque los bonsáis en un marco frío, un invernadero u otra zona protegida para protegerlos de las heladas. Para proteger las raíces, utilice materiales aislantes como mantillo o paja. Durante el invierno, riegue los bonsáis sólo un poco para mantener la tierra lo suficientemente húmeda. Evite regar en exceso porque el árbol necesita menos agua ahora que su metabolismo es menos activo.

La poda durante el invierno debe reducirse al mínimo. Para preservar la belleza y la salud del árbol, elimine sólo las ramas muertas o rotas. Aunque algunos insectos y patógenos pueden hibernar, manténgalos vigilados en los bonsáis. Tome las precauciones necesarias para evitar infecciones e infestaciones. Dado que los procesos metabólicos del árbol se ralentizan y hay menos necesidad de nutrientes durante el invierno, la fertilización debe reducirse o interrumpirse.

En conclusión, la eficacia del cultivo del bonsái depende de un mantenimiento estacional adecuado. Los aficionados al bonsái pueden garantizar la salud, el crecimiento y la vida de sus árboles conociendo y poniendo en práctica las técnicas de mantenimiento adecuadas para cada estación. Cada estación requiere un cuidado particular, desde el trasplante y la poda en primavera hasta el control de insectos en verano, la preparación para el letargo otoñal y la protección en invierno. Los aficionados a los bonsáis pueden crear un entorno que fomente el crecimiento y el florecimiento de sus preciados bonsáis siguiendo estas instrucciones de cuidado estacional. Con el mantenimiento adecuado, los bonsáis pueden convertirse en fuentes de deleite y belleza durante todo el año.

Técnicas de poda y modelado de diferentes especies arbóreas

Los métodos fundamentales de cultivo de bonsáis, como la poda y el modelado, permiten a los aficionados producir y conservar la forma deseada y el atractivo estético de sus bonsáis. Sin embargo, las diferentes especies de árboles tienen patrones de crecimiento, características y necesidades distintas, que requieren el uso de técnicas de poda y modelado particulares. En esta sección se examinan los métodos de poda y modelado de varias especies de árboles que se utilizan con frecuencia en los bonsáis, ofreciendo detalles sobre sus patrones de crecimiento y directrices generales para obtener los mejores resultados. Los aficionados al bonsái pueden emplear con seguridad las estrategias adecuadas para mejorar la belleza y la expresión artística de sus creaciones de bonsái si comprenden los requisitos particulares de las distintas especies de árboles.

Conocidos por su colorido follaje y su caída anual, los árboles de hoja caduca ofrecen a los aficionados al bonsái oportunidades especiales para exhibir su belleza. Las técnicas para moldear y podar las especies de árboles de hoja caduca incluyen el recorte y crecimiento, la poda estructural y la poda de ramificación.

Antes de la brotación, la poda estructural se realiza durante la temporada de reposo vegetativo, normalmente a finales de invierno o principios de primavera. Consiste en recortar las ramas no deseadas, las que se desarrollan en direcciones no deseadas y las que se cruzan o rozan. Esta poda construye el armazón fundamental y mejora la forma general del árbol.

La poda de ramificación tiene por objeto aumentar la densidad del árbol y fomentar la ramificación secundaria. Para favorecer la formación de ramitas y ramas más delicadas, consiste en recortar deliberadamente los nuevos brotes hasta una yema o nudo foliar determinado. Tras la explosión inicial del crecimiento primaveral, la poda de ramificación suele realizarse en la temporada de crecimiento.

Para las especies de árboles caducifolios de hoja gruesa, como los arces y los olmos, el método de poda de crecimiento es especialmente útil. Se deja que una rama crezca sin restricciones antes de podarla de nuevo para favorecer la rebrotación y el crecimiento de foliolos más pequeños y compactos.

Las coníferas, que se distinguen por su follaje en forma de escamas o agujas, ofrecen dificultades y posibilidades particulares para los aficionados al bonsái. Las especies de coníferas pueden podarse y modelarse mediante alambre, pinzado y poda en vela.

El objetivo principal de la técnica de poda en vela es dar forma y mejorar la estructura de ramificación de las especies de coníferas, como el pino y el abeto. Consiste en recortar el brote alargado (vela) durante la estación de crecimiento de primavera para concentrar la energía en las yemas laterales y promover una ramificación más densa.

Utilizando los dedos o unas tijeras de bonsái, el pinzado consiste en cortar las yemas terminales o los nuevos brotes tiernos. Este método estimula la rebrotación y favorece la compacidad, lo que ayuda a controlar el desarrollo y la forma de las coníferas. Cuando los brotes frescos se han endurecido a lo largo de la temporada de crecimiento, se suele pinzar.

Las coníferas requieren el uso de alambrado para colocar y dar forma a las ramas. Pero hay que tener cuidado porque las coníferas tienen ramas sensibles que se rompen con facilidad. Aplique alambres flexibles de cobre o aluminio con precaución para evitar apretar las ramas.

Las especies de árboles con flores, conocidas por su exquisita floración, confieren a las presentaciones de bonsái una cualidad encantadora. Las técnicas para dar forma y podar las especies de árboles con flores incluyen el aclareo, el alambrado y la poda después de la floración.

La poda de árboles en flor, como azaleas y cerezos, es esencial después de la floración. Para que el árbol aproveche la energía generada por la floración y promueva un crecimiento rápido para la próxima temporada, debe hacerse lo antes posible tras la floración.

Con el fin de mejorar la estructura general del árbol, favorecer una mejor penetración de la luz y realzar la belleza de las flores, el aclareo implica la eliminación selectiva de ramas o follaje. El aclareo debe realizarse con precisión, teniendo en cuenta el patrón de crecimiento natural del árbol y sus objetivos estéticos.

En los bonsáis de flor, el alambrado puede utilizarse para colocar y dar forma a las ramas. Sin embargo, debido a la fragilidad de las ramas de algunas especies de árboles en flor, hay que tener cuidado para evitar daños. Tenga cuidado con la fragilidad de las ramas y utilice técnicas de alambrado más delicadas.

Con su follaje durante todo el año, los árboles de hoja perenne dan a los bonsáis una sensación de resistencia y permanencia. Las técnicas para podar y dar forma a las especies de árboles de hoja perenne incluyen el pinzado y la poda, la reducción del número de acículas y la colocación cuidadosa de las ramas.

Para regular el crecimiento y conservar la forma deseada de los árboles de hoja perenne, la poda y el pinzado se realizan durante la temporada de crecimiento. La poda mejora la forma general y el equilibrio, mientras que el pinzado favorece la rebrotación y la densidad del follaje.

Para las especies de coníferas de hoja perenne, como enebros y pinos, la reducción de acículas es una técnica utilizada. Consiste en elegir cuidadosamente qué acículas eliminar o acortar para conseguir un aspecto más refinado y compacto.

A la hora de dar forma y colocar las ramas de los bonsáis de hoja perenne, la colocación de las ramas es esencial. Al colocar las ramas de forma que complementen la forma y la estructura general del árbol, puede conseguir una sensación de equilibrio y armonía, respetando al mismo tiempo el patrón de desarrollo natural del árbol.

Con su rico follaje y su capacidad para prosperar en interiores, las especies de árboles tropicales ofrecen a los aficionados a los bonsáis una experiencia única. La poda regular, la defoliación y el acodo aéreo son algunos de los procedimientos utilizados para dar forma y podar las especies arbóreas tropicales.

Debido a sus tendencias de crecimiento agresivo, las plantas tropicales requieren una poda regular. Favorece la compactación, mejora la ramificación y el control del crecimiento. Para preservar la forma adecuada y evitar un alargamiento excesivo, se debe podar con regularidad.

En ciertas especies de árboles tropicales, la defoliación, o eliminación total de las hojas, puede emplearse para promover un nuevo crecimiento y mejorar la estructura de las ramas. Para preservar la salud y la vitalidad del árbol, este procedimiento debe utilizarse con cuidado.

Una técnica llamada acodo aéreo se utiliza para propagar especímenes tropicales existentes en nuevas plantas de bonsái. Se puede formar una planta distinta estimulando el crecimiento de las raíces en una parte de una rama o tronco, lo que permite construir nuevos bonsáis con las características deseadas.

En conclusión, los artistas del bonsái dependen en gran medida de las técnicas de poda y modelado para moldear y perfeccionar el aspecto de sus árboles. Dependiendo de sus hábitos de crecimiento, características y objetivos estéticos, las distintas especies de árboles requieren técnicas de poda y modelado particulares. Los aficionados al bonsái pueden crear obras de arte vivientes que capturan a la perfección el espíritu de la naturaleza en miniatura utilizando las técnicas adecuadas, como la poda estructural, la poda en vela, el pinzado, el alambrado y la defoliación selectiva. El arte del bonsái puede conseguirse con un efecto asombroso mediante el compromiso, la práctica y un conocimiento profundo de los procedimientos de poda y modelado.

Alambrado y reposicionamiento de ramas

La antigua práctica de cultivar árboles en miniatura, conocida como bonsái, consigue destilar la paz y la belleza de la naturaleza en una forma diminuta y delicada. El alambrado y el reposicionamiento de ramas son dos métodos esenciales utilizados por los aficionados al bonsái para moldear y dar forma a sus árboles y convertirlos en obras de arte. La gracia y la armonía de los árboles reales pueden plasmarse en asombrosas composiciones utilizando estos métodos, que permiten una manipulación precisa y una expresión artística. El objetivo, los métodos y los efectos que tienen sobre el atractivo estético general de los bonsáis se tratarán en esta sección, en la que examinaremos el arte y la ciencia de alambrar y reposicionar las ramas de los bonsáis.

En el bonsái, el alambrado es un método utilizado para dirigir el crecimiento y la forma de las ramas. Su principal objetivo es proporcionar a los artistas del bonsái flexibilidad y control sobre la ubicación y el movimiento de las ramas para que puedan crear composiciones estéticamente agradables. Las siguientes características revelan la importancia del alambrado:

Los artistas del bonsái pueden conseguir una colocación exacta de las ramas envolviéndolas con alambres, lo que garantiza la estructura y el equilibrio adecuados en el diseño del árbol. Este método permite producir composiciones estéticamente bellas y armoniosas.

Los aficionados al bonsái pueden añadir movimiento dinámico y fluidez al diseño de un árbol utilizando alambre. Los artistas pueden dar a los bonsáis una sensación de energía y vigor doblando y moldeando sutilmente las ramas para imitar la forma en que se balancean y curvan de forma natural con el viento.

El crecimiento de ramas secundarias, también conocido como ramificación, se fomenta con ramas alambradas correctamente, lo que da al follaje del árbol más profundidad y plenitud. Las delicadas ramitas y el denso follaje de los árboles maduros pueden ser retratados con mayor precisión por los artistas del bonsái controlando el crecimiento mediante alambrado.

El alambrado tiene un gran potencial creativo, pero es importante utilizar los métodos correctos y tomar las precauciones adecuadas para proteger el árbol y mantener su salud y vitalidad. A continuación, se enumeran una serie de normas importantes que debe recordar cuando utilice técnicas de alambrado de bonsáis:

Para que el alambrado sea eficaz, debe elegirse el calibre adecuado. El alambre de aluminio o cobre se utiliza con frecuencia en los bonsáis porque es versátil y fácil de utilizar. Para asegurarse de que ofrece suficiente soporte sin cortar la corteza, el grosor del alambre debe ser proporcional al grosor de la rama.

A la hora de realizar el alambrado, el momento es crucial. Los árboles de hoja caduca suelen alambrarse durante la fase de reposo vegetativo, a finales de invierno o principios de primavera, cuando las ramas son más maleables. Cuando las ramas se han endurecido durante la temporada de crecimiento, los árboles de hoja perenne pueden alambrarse.

Empiece haciendo unos cuantos bucles básicos en el alambre para anclarlo firmemente a la rama o al tronco. Mantenga un espacio constante entre cada bucle a medida que vaya enrollando el alambre alrededor de la rama. Evite enrollar el alambre con demasiada fuerza para no dañar la rama e impedir el flujo de agua y nutrientes.

Las ramas alambradas deben recibir un apoyo adicional para evitar que se doblen o rompan en exceso. Para repartir mejor la presión del alambre y proteger la rama de cualquier daño, pueden emplearse tablillas de madera o rafia.

Las ramas alambradas deben revisarse con frecuencia para asegurarse de que no se contraen o expanden en direcciones equivocadas. Para adaptarse al crecimiento del árbol y evitar la mordedura del alambre, que se produce cuando el alambre corta la corteza, ajusta el alambre según sea necesario.

El reposicionamiento de las ramas es otro método esencial para el cultivo del bonsái. Para obtener una forma más natural y atractiva, las ramas se doblan y ajustan suavemente. Al reposicionar las ramas, deben tenerse en cuenta los siguientes factores y métodos:

Es importante estudiar y comprender los patrones de crecimiento de cada especie de árbol antes de mover las ramas. Los ángulos en que las ramas emergen del tronco y la forma general varían según la especie. Esta comprensión dirigirá el procedimiento de reposicionamiento y garantizará un producto final realista y atractivo.

El reposicionamiento debe hacerse con cuidado y gradualmente para evitar romper o dañar las ramas. El árbol se adaptará gradualmente a su nueva posición si dobla las ramas poco a poco. Una flexión extrema o brusca podría provocar tensiones y posibles daños.

En el diseño de bonsáis, es esencial lograr un sentido del equilibrio. Tenga en cuenta el peso aparente y la distribución del follaje al reubicar las ramas. Asegúrese de que no hay demasiadas ramas en un lado, lo que parecería desequilibrado. El espacio negativo, o los espacios entre las ramas, pueden utilizarse para añadir interés estético y equilibrio a toda la composición.

Mantener la forma natural del árbol es crucial a la hora de reposicionar las ramas. Hay que evitar manipulaciones excesivas que puedan parecer forzadas o antinaturales. El objetivo es resaltar la belleza natural del árbol al tiempo que se consigue un diseño unificado y equilibrado.

Es necesario cuidar adecuadamente el árbol después de alambrarlo y reposicionar las ramas para que se mantenga sano y se recupere del estrés de la manipulación. Deben seguirse los siguientes procedimientos de cuidados posteriores:

Esté atento a cualquier indicio de mordedura del alambre, constricción o daño potencial en las ramas alambradas. Si es necesario, el alambre puede ajustarse o retirarse para proteger la rama.

Mantenga un plan de riego constante para asegurarse de que el árbol recibe suficiente agua sin encharcarse. Utiliza técnicas de fertilización adecuadas para suministrar al árbol los nutrientes que necesita para desarrollarse y sanar.

Puede ser necesario un adiestramiento adicional a medida que el bonsái se desarrolla para mantener la forma deseada. Para perfeccionar el diseño y permitir el crecimiento del árbol, puede ser necesaria una poda periódica y un re alambrado ocasional.

En conclusión, el alambrado y el reposicionamiento de ramas son técnicas esenciales para el cultivo del bonsái que permiten a los aficionados esculpir sus árboles hasta convertirlos en obras de arte vivas. Los artistas que trabajan con bonsáis pueden crear composiciones con movimiento, equilibrio y armonía artística aplicando los alambres con cuidado y doblándolos suavemente. Los entusiastas del bonsái pueden dar rienda suelta a su potencial creativo y producir atractivos bonsáis que capturen la belleza y la serenidad de la naturaleza en miniatura conociendo el propósito, las técnicas y las consideraciones implicadas en el alambrado y el reposicionamiento. Estos métodos no sólo mejoran la expresión estética del bonsái, sino que también fortalecen el vínculo entre el creador y el árbol, estableciendo un profundo aprecio por la artesanía y la belleza perdurable del bonsái.

Mantener la salud y el vigor de su bonsái

La práctica del bonsái, o cultivo de árboles en miniatura, exige un cuidado meticuloso para preservar la vitalidad y la salud de estas obras de arte vivas. Como entusiastas del bonsái, es nuestro privilegio y nuestro deber cuidar de estos árboles en miniatura y asegurarnos de que vivan mucho tiempo. En esta sección hablaremos de los elementos cruciales para mantener los bonsáis sanos y vigorosos, como el mantenimiento correcto, la prevención de enfermedades y los métodos para fomentar el crecimiento y la vitalidad.

Dependiendo de la especie, los bonsáis necesitan diferentes cantidades de luz. Es importante conocer la situación lumínica ideal de su bonsái -pleno sol, sombra moderada o sombra completa- para su salud y desarrollo. Puede evitar problemas como quemaduras por el sol o un crecimiento débil colocando su bonsái de acuerdo con sus necesidades de luz.

La salud de los bonsáis depende de un riego adecuado. Dependiendo de varios elementos, como la especie, el tamaño de la maceta, la composición del suelo y las circunstancias ambientales, se necesitan diferentes cantidades y frecuencias de riego. La podredumbre de las raíces o la deshidratación pueden deberse a un riego excesivo o insuficiente, respectivamente. Crear un programa de riego basado en las necesidades de su bonsái fomentará un crecimiento sano.

Las distintas especies de árboles prefieren distintos niveles de humedad y temperatura. Puede crear el entorno óptimo para su especie de bonsái conociendo sus necesidades específicas. Su bonsái estará sano y vigoroso si le proporciona los rangos de temperatura y los niveles de humedad adecuados.

Los bonsáis necesitan un suelo que drene con rapidez y equilibre la retención de agua y la aireación. Una buena mezcla de tierra incluye materiales orgánicos, partículas inorgánicas y acondicionadores del suelo como perlita o vermiculita. Para la salud y vitalidad general de su especie de bonsái, es esencial seleccionar la composición adecuada del suelo.

Debido a sus limitados sistemas radiculares, las plantas de bonsái pueden acabar quedándose sin nutrientes. Para un crecimiento óptimo y para restaurar los minerales vitales, es importante una fertilización regular. Su salud y vigor generales se verán favorecidos si conoce las necesidades de nutrientes de su especie de bonsái y utiliza los fertilizantes adecuados.

La aplicación correcta de fertilizantes permite una absorción eficaz de los nutrientes y evita que las raíces se quemen. En el cultivo de bonsáis se utilizan con frecuencia métodos como el abonado en cobertera, la fertilización líquida y los gránulos de liberación lenta. Su bonsái se mantendrá sano y vigoroso si los fertilizantes se aplican en el momento y la cantidad adecuados.

En la horticultura del bonsái, la poda es una técnica crucial que mantiene la salud, la forma y el atractivo estético del árbol. La poda regular fomenta una estructura saludable de las ramas, reorienta la energía allí donde es más necesaria y mejora la ramificación. La salud de su bonsái está garantizada si conoce los fundamentos de la poda, incluida la selección de ramas, el momento adecuado y los procedimientos.

La defoliación es un método utilizado para controlar el desarrollo de los bonsáis, fomentar la ramificación y reducir el tamaño de sus hojas. Consiste en eliminar algunas o todas las hojas en determinadas épocas del año. Cuando se emplean técnicas de defoliación, es crucial utilizar el momento adecuado, de acuerdo con el ciclo de desarrollo de la especie, y prestar mucha atención a la salud del árbol.

Mantener la salud de su bonsái requiere una vigilancia constante en la prevención de plagas y enfermedades. Es posible detectar a tiempo las plagas y las enfermedades revisando periódicamente los árboles en busca de síntomas, como un color inusual de las hojas, actividad de insectos o desarrollo de hongos. Los riesgos de plagas y enfermedades pueden reducirse aplicando medidas preventivas, como mantener unos buenos hábitos de higiene y crear unas condiciones de cultivo ideales.

Si aparecen plagas o enfermedades, es vital utilizar los métodos de control adecuados. El aceite de neem y los jabones insecticidas son ejemplos de terapias naturales que pueden utilizarse para controlar las plagas. Las terapias químicas pueden ser necesarias en circunstancias extremas. Para evitar dañar el árbol o la zona circundante, hay que estar alerta.

El trasplante es una parte crucial del mantenimiento de un bonsái, ya que garantiza la salud del sistema radicular y evita la congestión de las raíces. En función de su ritmo de crecimiento y desarrollo radicular, cada especie de bonsái tiene su propio plan de trasplante. Para reducir el estrés y fomentar un crecimiento sano de las raíces, el trasplante debe realizarse cuando el árbol esté en reposo y utilizando los métodos adecuados.

La poda de raíces se realiza durante el trasplante para mantener equilibrada la relación entre el follaje y el sistema radicular del árbol. La poda de raíces favorece el crecimiento de nuevas raíces y ayuda a eliminar las raíces viejas o que dan vueltas. Su bonsái estará más sano y vigoroso en general si presta atención a las técnicas de poda de raíces y sigue los procedimientos de mantenimiento adecuados.

Mantener la salud de los bonsáis requiere modificar los procedimientos de cuidado de acuerdo con los patrones cambiantes de las estaciones. La supervivencia de las especies sensibles al frío se garantiza mediante la protección invernal, como un abrigo contra las heladas o un aislamiento adecuado. Para evitar la deshidratación, los cuidados en verano pueden requerir más sombra o riego. Será beneficioso para la salud general de su bonsái que modifique sus procedimientos de cuidado para satisfacer sus necesidades estacionales.

Para evitar problemas como las enfermedades fúngicas, su bonsái debe tener una circulación de aire adecuada. Los bonsáis deben colocarse en espacios bien ventilados y debe evitarse el hacinamiento. Además, mantener una calidad del aire adecuada mejorará la salud y vitalidad de los árboles al mantenerlos alejados de contaminantes o gases peligrosos.

Por último, preservar la vitalidad y la salud de los bonsáis es un trabajo gratificante que requiere experiencia, consideración y una gran atención al detalle. Los aficionados al bonsái pueden garantizar la longevidad y belleza de sus árboles en miniatura conociendo las necesidades especiales de los bonsáis, utilizando métodos de riego y abonado adecuados, practicando la poda y la defoliación, controlando las plagas y enfermedades y teniendo en cuenta las consideraciones medioambientales. Además de invertir en su bienestar, preservar la salud y la vitalidad de los bonsáis es también una expresión de nuestra admiración por la belleza y la armonía de la naturaleza en su forma en miniatura.

Capítulo V

Técnicas Avanzadas y Estilismo

Técnicas avanzadas de bonsái: injertos y acodos aéreos

La antigua práctica de cultivar árboles en miniatura conocida como bonsái ofrece a los aficionados una amplia gama de formas con las que experimentar. Métodos avanzados como el injerto y el acodo aéreo permiten a los artistas del bonsái ampliar los límites de la creatividad y refinar su visión estética. Estos métodos van más allá de procedimientos fundamentales como la poda y el alambrado. En esta sección, el injerto y el acodo aéreo serán los principales temas de debate a medida que nos adentramos en el complejo mundo de las técnicas avanzadas del bonsái. Investigaremos los fundamentos, procesos y ventajas de estas técnicas, proporcionando una visión de su aplicación, así como de los efectos remodeladores que son capaces de tener en los bonsáis.

El injerto es un proceso que combina dos partes diferentes de una planta para crear un todo único y cohesionado. El injerto es una técnica utilizada en los bonsáis para añadir nuevas ramas, alterar la dirección del crecimiento o dotar a un árbol de rasgos deseables. El éxito del injerto depende en gran medida de los elementos de compatibilidad, tiempo y método.

El injerto de aproximación, el injerto enhebrado y el injerto en hilera son sólo algunas de las técnicas de injerto utilizadas en la horticultura de bonsáis. Cada técnica conlleva consideraciones y medidas particulares para garantizar una alineación, un flujo de nutrientes y una cicatrización correctos.

El injerto tiene muchas ventajas para los artistas del bonsái. Se hace posible la introducción de ramas de varias especies o cultivares, lo que da lugar al desarrollo de nuevas hojas, tonalidades de flores o patrones de crecimiento. El injerto facilita el desarrollo de estructuras ramificadas complejas, lo que favorece la ramificación y el refinamiento estético.

La precisión, la perseverancia y el conocimiento de los rasgos de desarrollo de la especie son necesarios para el éxito del injerto. Puede haber dificultades, como incompatibilidades, rechazo del injerto o la necesidad de un mantenimiento continuo. Sin embargo, con una preparación y ejecución cuidadosas, el injerto puede producir resultados extraordinarios.

El proceso de "acodo aéreo" favorece el desarrollo de nuevas raíces en una rama elegida mientras sigue conectada al árbol madre. Esta tecnología, que evita la germinación de semillas y los métodos de propagación convencionales, permite el desarrollo de nuevos árboles individuales a partir de ramas preexistentes.

En una rama elegida, se requiere una incisión parcial o la eliminación de un anillo de corteza para realizar un acodo aéreo. Esta técnica favorece la aparición de nuevas raíces en la zona expuesta. Una vez que se han formado las raíces, es posible cortar la rama y separarla del árbol madre para obtener un ejemplar de bonsái independiente.

Con la ayuda del acodo aéreo, los maestros del bonsái pueden producir nuevos árboles con los rasgos deseados. Permite conservar cultivares raros y propagar especies difíciles de enraizar. El acodo aéreo también produce especímenes con sistemas radiculares establecidos, lo que acelera el crecimiento de los árboles maduros.

El momento oportuno, el cuidado adecuado de las heridas y unos niveles de humedad suficientes son esenciales para que el acodo aéreo sea eficaz. Ciertos métodos, como el empleo de hormonas para estimular el crecimiento de las raíces o la instalación de sistemas de rociado, pueden mejorar las tasas de éxito. La armonía estética se consigue eligiendo la rama adecuada y teniendo en cuenta el diseño general del bonsái.

En el bonsái, el injerto y el acodo aéreo abren nuevas vías de expresión estética. Al combinar rasgos de varios árboles, estas técnicas permiten crear composiciones distintivas y representar la naturaleza en miniatura. La innovación y la creatividad tienen un potencial ilimitado.

Los artistas del bonsái pueden revivir árboles viejos o menos atractivos utilizando técnicas modernas. Los artistas pueden dar nueva vida a viejos ejemplares injertando o colocando nuevas ramas o sistemas radiculares, transformándolos en creaciones de bonsái intrigantes y dinámicas.

El acodo aéreo y el injerto fomentan la experimentación y el estudio de la hibridación. Al fusionar varias especies o introducir características que antes no existían en una determinada especie, los artistas pueden superar los límites del bonsái tradicional.

Dominar las técnicas avanzadas del bonsái requiere compromiso, esfuerzo y formación continua. A medida que los artistas del bonsái van comprendiendo mejor las técnicas de injerto y acodo aéreo, sus habilidades aumentan, lo que les permite emprender nuevas tareas y producir bonsáis de una belleza incomparable.

En conclusión, el acodo aéreo y el injerto son dos técnicas avanzadas de bonsái que ofrecen oportunidades ilimitadas para la investigación hortícola y la expresión creativa. Estos métodos proporcionan a los artistas del bonsái las herramientas que necesitan para dar forma y transformar los árboles, fusionando varias especies, añadiendo nuevas ramas y estableciendo nuevos comienzos. Los entusiastas del bonsái se embarcan en un viaje de pericia, experimentación y aprendizaje continuo a medida que se adentran en los mundos del injerto y el acodo al aire. Estas técnicas avanzadas permiten a los artistas del bonsái ampliar los límites de su imaginación y producir resultados impresionantes, mejorando aún más la fascinante forma de arte del bonsái.

Creación de diferentes estilos de bonsái: formal, informal, en cascada, etc.

La antigua práctica de cultivar árboles en miniatura conocidos como bonsáis permite un abanico infinito de expresión estética. La capacidad de desarrollar varios estilos de bonsái es una de las principales características que atrae a los aficionados. Los artistas pueden dar forma y diseñar sus árboles en una variedad de estilos, desde formales y simétricos hasta casuales y en cascada, para transmitir estéticas particulares y suscitar sentimientos concretos. En esta sección se explorarán los distintos estilos de bonsái y se estudiarán los principios, características y métodos utilizados para producir cada estilo. Los artistas del bonsái podrán dar rienda suelta a su creatividad y crear magníficas obras de arte en miniatura comprendiendo los fundamentos de cada estilo.

El método del bonsái formal, a veces denominado "Chokkan" en Japonés, hace hincapié en una disposición simétrica y equilibrada. El tronco del árbol es recto y erguido, mientras que las ramas están bien organizadas. Los bonsáis formales emanan con frecuencia una sensación de calma y paz que recuerda la estética de los jardines Japoneses tradicionales.

Un tronco central dominante con ramas primarias, secundarias y terciarias cuidadosamente elegidas que se estrechan desde la base hasta el ápice es uno de los componentes clave del diseño del estilo formal. El espaciado equidistante y el equilibrio perfecto de las ramas representan la elegancia y la sobriedad que definen este diseño.

La poda, el alambrado y el modelado deben realizarse con sumo cuidado para conservar la simetría y la estructura necesarias al crear un estilo de bonsái formal. La gracia y el refinamiento del estilo formal deben mantenerse regularmente mediante una cuidadosa selección de ramas y una atenta atención a los detalles.

El estilo informal del bonsái, a veces denominado "Moyogi" en Japonés, pretende imitar la belleza asimétrica y natural de la naturaleza. Este enfoque del diseño celebra la irregularidad y la naturaleza, capturando el carácter del crecimiento natural de un árbol. Los bonsáis informales transmiten una sensación de movimiento, libertad y armonía con la naturaleza.

Los bonsáis informales tienen una línea de tronco irregular y a menudo con dobleces, giros y curvas suaves. El crecimiento radial de las ramas da la apariencia de un movimiento dinámico en todas direcciones. La colocación asimétrica de las ramas y el follaje capta perfectamente la irregularidad natural.

Se puede conseguir un aspecto natural y armonioso podando, alambrando y colocando cuidadosamente un bonsái informal. Utilizando métodos como la poda direccional y el alambrado selectivo, se hace hincapié en la creación de estructuras de ramas realistas en el árbol. La densidad equilibrada del follaje y el fomento de patrones de crecimiento naturales son dos aspectos del cuidado rutinario.

El estilo de bonsái en cascada, también conocido como "Kengai" en Japonés, transmite dramatismo, elegancia y sensación de movimiento. Este diseño imita el tronco descendente de un árbol que crece en la ladera de una montaña escarpada, que a menudo se extiende por debajo de la base de la maceta.

Los bonsáis en cascada tienen un tronco prominente que sobresale del borde de la maceta y muestra una curva descendente o cascada. El crecimiento ascendente de las ramas y el follaje equilibra el flujo descendente del tallo. Esta estética produce una fuerte impresión visual y una sensación de dramatismo.

Para conseguir la curva y el equilibrio correctos al construir un bonsái en cascada, es necesario seleccionar cuidadosamente las ramas y el alambrado. Para mantener la parte expandida del árbol, se requiere un anclaje suficiente al suelo, así como gestionar el peso y el equilibrio del tallo en cascada.

El término japonés "Bunjin" para el estilo de bonsái literati también hace referencia a un sentido de la gracia, la singularidad y la expresión estética. Este movimiento artístico, que se inspira en la poesía y la pintura literati, rinde homenaje a formas arbóreas únicas y poco convencionales, caracterizadas a menudo por troncos esbeltos y retorcidos y follaje ralo.

Los bonsáis Literati tienen troncos largos y esbeltos que se doblan y giran, lo que les da una sensación de edad y carácter. El follaje está colocado en lugares apropiados para mejorar la belleza general, y las ramas están escasa y cuidadosamente organizadas. Este estilo hace hincapié en el capricho, el pensamiento abstracto y la elegancia al mismo tiempo.

Para dar forma a un bonsái literati es necesario realizar un cuidadoso alambrado y poda con el fin de conseguir la forma deseada de tronco esbelto e irregular. Para resaltar la naturaleza distintiva del árbol, se utilizan estrategias que incluyen la defoliación y la eliminación selectiva de ramas. Para preservar la gracia y singularidad del estilo literati, el mantenimiento rutinario requiere una cuidadosa supervisión del desarrollo de las ramas y la colocación del follaje.

La forma semicascada tiene un tronco que se extiende parcialmente desde la base de la maceta, dando la apariencia de un efecto de cascada. Este estilo presenta un diseño equilibrado y agradable al fusionar aspectos de los estilos en cascada e informal.

El objetivo del estilo barrido por el viento es representar cómo crece un árbol a consecuencia de los fuertes vientos. Muestra resistencia y adaptación a circunstancias difíciles con su tallo inclinado y ramas que parecen barridas en una dirección.

En una misma composición de bonsái, muchos troncos crecen en el estilo multitronco. La interconexión de los árboles en un bosque o arboleda se representa con este estilo, que da la impresión de unidad y armonía natural.

En conclusión, desarrollar diversos estilos de bonsái es una aventura apasionante que permite a los artistas del bonsái conectar con la esencia de la naturaleza y expresar su visión artística. Cada estilo de bonsái transmite una estética diferente, desde la elegancia formal y simétrica del estilo chokkan hasta la belleza orgánica y de espíritu libre del estilo moyogi. El potencial creativo de los entusiastas del bonsái puede liberarse aprendiendo los principios, los aspectos de diseño y las técnicas exclusivas de cada estilo, lo que les permite producir magníficas obras de arte diminutas que cautivan e inspiran a los espectadores. El universo de los estilos de bonsái invita a los artistas a emprender un camino de crecimiento, descubrimiento y dominio estético a lo largo de toda su vida, ofreciéndoles oportunidades ilimitadas para la investigación artística y la expresión personal.

Plantas decorativas y consideraciones de exhibición

La artesanía en el cautivador reino del bonsái va más allá de los propios árboles en miniatura. Las plantas decorativas, a veces denominadas plantas de compañía o kusamono, son esenciales para generar composiciones estéticamente agradables y potenciar el impacto visual general de los bonsáis. Estas plantas cuidadosamente elegidas, que a menudo presentan una gran variedad de colores de hoja, texturas y patrones de floración, aportan profundidad, equilibrio e interés visual a la composición del bonsái. En esta sección nos adentraremos en el fascinante mundo de las plantas decorativas de los bonsáis y examinaremos los factores que intervienen en su diseño. Los aficionados al bonsái pueden mejorar su expresión artística y producir composiciones atractivas que realmente cobren vida comprendiendo el valor de las plantas decorativas y los fundamentos del diseño de exhibiciones.

Las plantas decorativas se eligen como un complemento visual que armoniza con las características del bonsái, complementándolo y realzándolo. Ofrecen un fondo de color, textura y forma, enfatizando la característica central del bonsái y formando una presentación unificada y estéticamente agradable.

Las plantas decorativas contribuyen a que el bonsái adquiera tamaño y contexto, dando la impresión de estar en un entorno natural. Los artistas del bonsái pueden recrear con exactitud el entorno natural del árbol en miniatura eligiendo cuidadosamente plantas autóctonas de ese entorno o con requisitos de crecimiento similares.

Las plantas decorativas ofrecen un atractivo estacional que se suma a la belleza siempre cambiante de los bonsáis. Estas plantas aportan un aspecto dinámico que varía a lo largo del año, proporcionando un viaje visual y capturando la esencia de los ciclos de la naturaleza, ya sea a través de vibrantes floraciones, colorido follaje o texturas distintivas.

Al elegir las plantas decorativas deben tenerse en cuenta las características únicas del bonsái. El tamaño, la forma, el color de las hojas y el diseño general de la planta decorativa deben coincidir con los del árbol. Debe acentuar el impacto estético del bonsái sin sobrecargarlo ni competir por su atención.

Las plantas decorativas le brindan la oportunidad de mostrar una amplia variedad de tipos de follaje, texturas y formas. La planta decorativa debe crear un contraste agradable o complementar las hojas del bonsái, añadiendo profundidad y atractivo visual al diseño. Puede ir desde delicados helechos y hierbas hasta plantas de hojas atrevidas o con dibujos intrigantes.

Para garantizar el interés del bonsái durante todo el año, es esencial tener en cuenta las cualidades estacionales de la planta decorativa. Se puede conseguir una agradable fusión de componentes que cautive a los espectadores durante todo el año eligiendo plantas con flores, follaje de colores cambiantes o características distintivas a lo largo de las estaciones.

Una presentación visualmente atractiva depende de que la planta decorativa y el bonsái estén en armonía proporcional. Debe lograrse una sensación de equilibrio y cohesión dentro de la composición haciendo coincidir el tamaño, la altura y el patrón de crecimiento de la planta decorativa con el tamaño y el estilo del bonsái.

La planta decorativa y la maceta o contenedor del bonsái son componentes cruciales del conjunto. La planta decorativa debe colocarse en un recipiente que complemente el diseño y la estética del bonsái y resalte sus rasgos distintivos. Para establecer una composición armónica, hay que examinar cuidadosamente el color, el tipo de material y la forma del recipiente.

Para lograr equilibrio y armonía en la presentación, la colocación de la planta decorativa en relación con el bonsái es crucial. La planta decorativa debe colocarse de forma que atraiga la mirada del espectador, cree una sensación de movimiento y unidad entre las dos piezas y tenga en cuenta la fluidez visual.

Analice cuidadosamente las interacciones espaciales entre el bonsái, la planta decorativa y otras piezas como guijarros o figuras. El espacio negativo de la composición o los espacios vacíos pueden emplearse para enfatizar las partes clave de la composición y fomentar una sensación de calma.

Las exhibiciones de bonsáis pueden tener un significado simbólico o cultural. Las plantas decorativas pueden elegirse por su simbolismo histórico o su significado personal, lo que da una nueva dimensión a la profundidad y la narrativa general de la composición.

Las plantas decorativas pueden necesitar cantidades de agua y nutrientes diferentes a las de un bonsái. Para garantizar la salud y el vigor de la planta decorativa, hay que tener muy en cuenta el riego y el abono. Puede ser necesario modificar los regímenes de fertilización y riego para adaptarlos a las necesidades específicas de cada planta.

Las plantas decorativas deben podarse y arreglarse con regularidad para mantener su tamaño, forma y belleza general. Para regular el crecimiento, fomentar la ramificación y mantener la forma deseada de la planta decorativa, pueden utilizarse técnicas de poda como el pinzado, el recorte o la poda selectiva.

Las plantas decorativas, como los bonsáis, pueden necesitar un mantenimiento variable según la estación del año. Para garantizar la salud y la vida útil de la planta decorativa, debe tenerse en cuenta la protección necesaria contra las heladas u otros fenómenos meteorológicos extremos, así como los ajustes adecuados de la iluminación y la temperatura.

En conclusión, las plantas decorativas son esenciales para las presentaciones de bonsáis porque dan a las composiciones profundidad, equilibrio e intriga estética. Estas plantas elegidas específicamente no sólo combinan bien con el bonsái, sino que también contribuyen al impacto estético general y combinan los elementos de forma agradable. Los aficionados a los bonsáis pueden crear exhibiciones atractivas que cambien a lo largo del año teniendo en cuenta las cualidades del bonsái, eligiendo plantas decorativas con follaje, texturas y formas variadas y prestando atención a las variaciones estacionales. El desarrollo de composiciones armónicas que cautiven a los espectadores y comuniquen historias visuales convincentes también depende de una cuidadosa consideración de la colocación, selección y relaciones espaciales de las macetas. Las plantas decorativas realzan la estética del pequeño paisaje de las exhibiciones de bonsáis, resaltando la belleza de la naturaleza en miniatura e inspirando a los visitantes a profundizar en el fascinante mundo del bonsái.

Exponer y participar en exposiciones de bonsáis

El arte, la experiencia y el compromiso de los entusiastas del bonsái se celebran con alegría en las exposiciones de bonsáis. Estos encuentros reúnen a una comunidad de creadores, coleccionistas y admiradores de bonsáis para exponer sus obras maestras en miniatura, compartir conocimientos y apreciar la belleza de estas esculturas vivientes. En esta sección se examinará el mundo de la exposición y la participación en exposiciones de bonsáis, desde las fases de planificación y selección hasta la gratificante experiencia de presentar los bonsáis a un público más amplio. Los artistas del bonsái pueden mejorar sus habilidades, obtener comentarios perspicaces y apoyar la expansión de la comunidad del bonsái dándose cuenta de la importancia de las exposiciones de bonsáis y aprovechando la oportunidad de exponer.

El arte del bonsái se promueve y su valor cultural y artístico se da a conocer más ampliamente a través de las exposiciones de bonsáis. Al exponer sus árboles, los artistas ayudan a preservar y difundir el bonsái como una forma de arte vivo, animando a otros a admirarlo y a continuar con sus propios esfuerzos artísticos.

Las exposiciones de bonsáis ofrecen a los artistas una oportunidad especial para transmitir sus conocimientos, métodos y experiencias a otros aficionados. Los artistas pueden motivar e instruir a otros a través de demostraciones, talleres y debates, estableciendo una cultura de cooperación y expansión dentro de la comunidad del bonsái.

Participar en competiciones de bonsáis obliga a los artistas a perfeccionar su arte y buscar la excelencia. La habilidad y la estética de un artista se ven continuamente desafiadas por el meticuloso refinamiento, el estilo y la atención al detalle que requiere la preparación de un árbol para la exposición.

Una parte importante del proceso de preparación es elegir el árbol ideal para la exposición. Deben tenerse en cuenta elementos como la especie, la salud, la madurez y el atractivo estético del árbol. Para la exposición, a menudo se buscan árboles con cualidades extraordinarias, rasgos distintivos y una ramificación bien desarrollada.

Los artistas dedican mucho tiempo y esfuerzo a perfeccionar la forma, el equilibrio y el aspecto general del árbol antes de la actuación. El alambrado, la poda y la defoliación selectiva son algunos de los métodos utilizados para acentuar la belleza inherente del árbol y producir una composición cautivadora.

Es fundamental elegir una maceta que se ajuste al tamaño y diseño del árbol. También debe tenerse en cuenta la elección del soporte o mesa de exposición, así como la colocación de plantas decorativas, musgo y otros elementos ornamentales que mejoren el aspecto general.

La colocación de los árboles en el espacio de exposición debe planificarse cuidadosamente para mantener la coherencia, el equilibrio y la fluidez visual. La colocación de los árboles debe resaltar sus mejores cualidades y dar lugar a una composición armónica que resulte agradable a la vista.

Los maestros del bonsái con experiencia juzgan con frecuencia los árboles expuestos en las exposiciones de bonsáis utilizando criterios que incluyen el movimiento del tronco, la estructura de las ramas, la salud general y la estética. Los comentarios de los jueces ofrecen una retroalimentación perspicaz que ayuda a los artistas a perfeccionar sus habilidades y su visión estética.

La oportunidad de interactuar con otros aficionados, coleccionistas y profesionales del bonsái no tiene precio durante las exposiciones de bonsáis. Las conversaciones, el intercambio de ideas y el desarrollo de conexiones profundas entre los artistas pueden fomentar un espíritu de camaradería y apoyo mutuo.

Para los artistas, participar en exposiciones de bonsáis es un acontecimiento transformador que fomenta el crecimiento personal. El proceso de preparación de una exposición obliga a los artistas a perfeccionar sus habilidades, ampliar sus conocimientos sobre la estética del bonsái y superar los límites de su imaginación.

Participar en eventos de bonsáis permite a los artistas alentar y animar a otros, sobre todo a los que se inician en este arte. Los artistas pueden inspirar a otros a iniciar sus propias aventuras con el bonsái exponiendo sus árboles y compartiendo su trayectoria.

Los concursos de bonsái ofrecen la oportunidad de apoyar la expansión y mejora de la comunidad del bonsái. Los artistas pueden apoyar a la próxima generación de entusiastas del bonsái ofreciéndose como voluntarios, organizando talleres o conferencias, o aportando sus conocimientos de otras muchas maneras.

En conclusión, exponer y participar en eventos de bonsái son actividades maravillosas que honran el talento, el compromiso y el entusiasmo de los artistas del bonsái. Estas reuniones generan un sentimiento de comunidad, intercambio de información y desarrollo individual, además de promover el arte del bonsái. Los artistas contribuyen a la expansión de la comunidad del bonsái preparando diligentemente sus árboles, aceptando el procedimiento de evaluación e interactuando con otros entusiastas. También sirven de inspiración para que otros persigan sus propios esfuerzos artísticos.

Las exposiciones de bonsáis son lugares eficaces para mostrar la belleza de estas esculturas vivientes, inspirar a otros y reconocer la cautivadora forma de arte que es el bonsái.

Capítulo VI

Solución y Resolución Problemas

Problemas habituales de los principiantes y sus soluciones

Empezar una aventura de cultivo de bonsáis puede ser emocionante y difícil, especialmente para los novatos. Los recién llegados suelen encontrarse con problemas recurrentes a medida que exploran el mundo del bonsái, que pueden impedir su desarrollo y confianza. Sin embargo, estas dificultades pueden superarse con la instrucción y la comprensión adecuadas, ayudando a los principiantes a tener éxito en su búsqueda del bonsái. En esta sección veremos algunos problemas frecuentes con los que se encuentran los nuevos cultivadores de bonsáis y ofreceremos soluciones prácticas para ayudarles a superar estas dificultades. Los principiantes pueden construir una base sólida y disfrutar de una experiencia satisfactoria con el bonsái afrontando estas dificultades.

Uno de los principales retos para los recién llegados al cultivo del bonsái es su falta de información y experiencia. Ideas fundamentales como la selección de especies de árboles, los procedimientos de cuidado y los principios de estilismo pueden resultarles difíciles de comprender.

Para superar este problema, los principiantes deben dedicar tiempo a estudiar el bonsái a través de diversas fuentes. Libros, cursos en línea, talleres y organizaciones locales de bonsáis ofrecen consejos útiles. Relacionarse con entusiastas experimentados del bonsái y buscar mentores puede acelerar enormemente el aprendizaje.

Los principiantes suelen tener dificultades para comprender los cuidados precisos de los bonsáis, como el riego, el abonado y el control de insectos. Unos procedimientos de mantenimiento poco fiables pueden causar estrés en los árboles, un desarrollo deficiente e incluso la muerte.

Es fundamental que los principiantes se informen sobre los requisitos precisos de mantenimiento de la especie de árbol que han elegido. Pueden dar al árbol los mejores cuidados aprendiendo sobre su entorno natural, su clima preferido y sus necesidades estacionales. El bienestar del árbol estará garantizado si se vigila periódicamente su salud y se modifican los cuidados en consecuencia.

Los principiantes pueden tener dificultades para utilizar los procedimientos de poda y modelado adecuados, lo que a menudo da lugar a una colocación incorrecta de las ramas, diseños desequilibrados y daños en la salud de los árboles.

Para resolver este problema, los principiantes deben aprender y poner en práctica los conceptos básicos del modelado y la poda. Los principiantes pueden crear diseños equilibrados y estéticamente bellos aprendiendo los procesos precisos, como la poda dirigida, la selección de ramas y el desarrollo de ramificaciones. Asistir a clases de poda y pedir consejo a los cultivadores de bonsáis experimentados pueden ser dos formas excelentes de adquirir conocimientos prácticos.

Para los principiantes, encontrar el equilibrio ideal de riego puede resultar difícil. Un riego insuficiente puede provocar la deshidratación y el estrés del árbol, mientras que un riego excesivo puede provocar la pudrición de las raíces y otras enfermedades.

Analizando los niveles de humedad del suelo, aprendiendo los requisitos de riego particulares de sus especies de árboles y modificando la frecuencia de riego según sea necesario, los principiantes pueden aprender a comprender las demandas de agua de sus bonsáis. El equilibrio ideal de humedad puede mantenerse utilizando tierra de bonsái que drene bien y empleando métodos de riego adecuados, como regar hasta el fondo de la maceta.

Los principiantes pueden tener dificultades para reconocer y controlar las enfermedades y plagas que dañan los bonsáis. Un retraso en el diagnóstico y el tratamiento puede causar graves daños a los árboles, incluso su muerte final.

Aprender sobre las plagas y enfermedades típicas que dañan los bonsáis es crucial para los principiantes. Los problemas de plagas y enfermedades pueden reducirse mediante inspecciones frecuentes, un diagnóstico precoz y una rápida gestión mediante tratamientos orgánicos o químicos. Una gestión eficaz de las plagas y enfermedades puede facilitarse consultando a profesionales de la jardinería o buscando el consejo de cultivadores de bonsáis experimentados.

A los principiantes les puede resultar difícil comprender los ajustes estacionales necesarios para el cuidado de los bonsáis. No ajustar los cuidados a las variaciones estacionales puede tener efectos negativos sobre la salud y el crecimiento de los árboles.

Los principiantes deben familiarizarse con los requisitos estacionales de mantenimiento de su especie arbórea. Podrán modificar el riego, el abonado y la protección contra las inclemencias del tiempo según sea necesario si son conscientes de cómo afectan a los bonsáis la temperatura, la humedad, los niveles de luz y el letargo.

El mantenimiento de un bonsái requiere paciencia porque los árboles crecen y cambian durante un largo periodo de tiempo. Los principiantes pueden perder la motivación o el interés si no obtienen resultados enseguida o se encuentran con obstáculos en el camino.

Para iniciarse en el bonsái, es esencial desarrollar la paciencia y adoptar un punto de vista a largo plazo. Los principiantes aprenderán a apreciar el desarrollo de los árboles comprendiendo que el bonsái es un recorrido que dura años o incluso décadas. Los principiantes se mantendrán motivados y dedicados estableciendo objetivos razonables, reconociendo los pequeños logros y disfrutando del mantenimiento rutinario de los bonsáis.

En conclusión, aunque los principiantes en la horticultura del bonsái pueden encontrarse con dificultades típicas, estos problemas pueden resolverse con información, práctica y ganas de aprender. Los principiantes pueden sentar unas bases sólidas para su andadura en el bonsái abordando las lagunas de conocimiento, el cuidado de los árboles, los procedimientos de poda, el riego, la gestión de plagas y enfermedades, los ajustes estacionales y el aprendizaje de la paciencia. Los principiantes pueden superar estas dificultades buscando el consejo de profesionales experimentados, interactuando con la comunidad del bonsái y aceptando el proceso de aprendizaje constante. Los principiantes persistentes y dedicados al estudio pueden cultivar bonsáis sanos y disfrutar de los placeres y recompensas de este arte milenario.

Reconocer y tratar los problemas de salud del bonsái

El cultivo de bonsáis requiere mucho más que una visión creativa y una técnica experta. Además, requiere tener buen ojo para detectar y resolver cualquier posible problema de salud. Dado que los bonsáis son seres vivos, pueden tener una serie de problemas con plagas, enfermedades, carencias nutricionales y estrés ambiental. Para mantener la vitalidad y el bienestar de los bonsáis a largo plazo, es crucial identificar estos problemas de salud y discutir soluciones prácticas en esta sección.

El primer paso para mantener sanas las plantas de bonsái es observarlas detenidamente. Observar con frecuencia el follaje, las ramas y el aspecto general del árbol permite a los aficionados a los bonsáis detectar posibles problemas antes de que se agraven. Puede haber un problema si hay signos como hojas amarillentas, marchitamiento, decoloración, patrones de crecimiento anormales o presencia de plagas. Si se vigila de cerca la salud del bonsái, los posibles problemas pueden tratarse rápidamente y evitar que empeoren.

La salud de los bonsáis se ve seriamente amenazada por plagas y enfermedades. Los pulgones, las cochinillas, los ácaros y las orugas son plagas típicas, y los patógenos bacterianos, víricos y fúngicos pueden causar enfermedades. Hojas deformadas, telarañas, decoloración o patrones de crecimiento anormales son algunos indicadores de una enfermedad o infestación por plagas. En tales circunstancias, pueden emplearse métodos de tratamiento adecuados, como el uso de pesticidas naturales, la aplicación de fungicidas o la adopción de normas culturales como el aumento de la circulación del aire y el mantenimiento de normas higiénicas.

El desarrollo y la salud de las plantas de bonsái pueden verse afectados por carencias de nutrientes. El retraso en el crecimiento, el amarilleamiento o el oscurecimiento de las hojas y la mala salud general son indicadores comunes de carencias nutricionales. Para solucionar estas carencias, es esencial conocer las necesidades particulares de nutrientes de las distintas especies de árboles. La fertilización orgánica o sintética puede aportar los nutrientes esenciales de los que carece el suelo. Los niveles adecuados de pH y los procedimientos de riego también son importantes para la absorción de nutrientes y la salud general de los árboles.

Debido a su sensibilidad al medio ambiente, los bonsáis pueden sufrir mucho por estrés, como calor excesivo, mala iluminación, riego inadecuado o humedad insuficiente. El estrés ambiental puede identificarse buscando hojas marchitas, quemaduras en las hojas o una pérdida general del vigor del árbol. Para solucionar estos problemas, es importante ofrecer microclimas ideales, condiciones de iluminación óptimas, programas de riego constantes y una ventilación óptima. La creación de un hábitat agradable reduce el estrés y garantiza la resistencia y la salud general del bonsái.

El alambrado y la poda son procedimientos cruciales para el cultivo del bonsái, pero deben hacerse con cuidado para evitar dañar la salud del árbol. Una cantidad excesiva de estrés y las heridas expuestas causadas por una poda inadecuada podrían actuar como puntos de entrada de enfermedades y plagas. Al igual que el alambrado suelto, el alambrado apretado o el alambrado que se deja puesto durante mucho tiempo puede dañar las ramas e impedir el crecimiento normal del árbol. Deben ponerse en práctica procedimientos de poda adecuados, como realizar cortes limpios y fomentar una estructura equilibrada de las ramas. También hay que mantener la salud del árbol vigilando las ramas alambradas y cortando el alambre antes de que corte la corteza.

En conclusión, el éxito del cultivo del bonsái depende de la identificación y resolución de los problemas de salud del bonsái. Los entusiastas del bonsái pueden hacer frente a los problemas de plagas, enfermedades, deficiencias nutricionales y estrés ambiental vigilando de cerca las señales de advertencia y respondiendo según sea necesario. Los aficionados a los bonsáis pueden garantizar la salud, la vitalidad y el atractivo visual a largo plazo de estas obras de arte vivientes reconociendo los requisitos particulares de sus bonsáis y utilizando técnicas prácticas. Los bonsáis pueden florecer con una vigilancia constante y un cuidado proactivo, hipnotizando a los observadores con su gracia y belleza perdurable.

Afrontar plagas, enfermedades y problemas medioambientales

El cultivo del bonsái es una forma de arte delicada y compleja que requiere especial atención y cuidado. Los entusiastas de los bonsáis se enfrentan con frecuencia a problemas como enfermedades, plagas y tensiones ambientales mientras cuidan de estos árboles en miniatura. Mantener la salud y el vigor de los bonsáis requiere conocer soluciones eficaces a estos problemas. En el contexto del cultivo de bonsáis, en esta sección examinaremos los métodos para hacer frente a las plagas, las enfermedades y los problemas medioambientales.

Los bonsáis pueden verse gravemente perjudicados por las plagas, que pueden causar daños en las hojas, los tallos y las raíces de los árboles. Los insectos, como pulgones, cochinillas, ácaros y orugas, son plagas frecuentes en el crecimiento de los bonsáis. La identificación de la especie exacta de plaga que infesta el árbol es la primera etapa en el tratamiento de las plagas. Las plagas o sus síntomas evidentes, como acumulaciones pegajosas o telarañas, pueden detectarse examinando cuidadosamente el follaje, los tallos y el envés de las hojas.

Una vez localizada la plaga, se pueden poner en marcha las medidas de prevención adecuadas. Para tener el menor impacto ambiental posible, en el cultivo de bonsáis se prefieren con frecuencia los insecticidas orgánicos, como el aceite de neem o el jabón insecticida. Además, algunas formas de infestación pueden responder bien a técnicas físicas como la recogida manual de las plagas o el empleo de pulverizadores de agua. Para evitar que las poblaciones de insectos dañinos se establezcan y perjudiquen gravemente al bonsái, es esencial realizar un seguimiento regular y una gestión temprana.

Las enfermedades pueden debilitar e impedir el crecimiento y desarrollo de los bonsáis. Los patógenos que causan infecciones bacterianas, víricas y fúngicas suelen ser los culpables de los brotes de enfermedades en los bonsáis. La decoloración, el marchitamiento, las lesiones o los patrones de crecimiento anormales en hojas, tallos o raíces son signos de enfermedad.

La aplicación de estrategias de tratamiento adecuadas requiere un diagnóstico preciso de la enfermedad. Para identificar correctamente el patógeno, se aconseja buscar el consejo de especialistas o estudiar libros de referencia diseñados especialmente para las enfermedades de los bonsáis. Una vez diagnosticada la enfermedad, pueden utilizarse tratamientos específicos, como fungicidas o bactericidas. Para evitar que la enfermedad se propague, en ocasiones puede ser necesario podar las partes dañadas o eliminar totalmente las plantas infectadas.

Cuando se trata de enfermedades que afectan a los bonsáis, siempre es preferible prevenir que curar. La desinfección de herramientas, macetas y superficies de trabajo puede ayudar a reducir el riesgo de propagación de enfermedades manteniendo unas buenas normas de higiene. Además, es posible reducir la probabilidad de formación de enfermedades proporcionando un buen drenaje del suelo, permitiendo una circulación de aire suficiente y evitando el riego excesivo.

Dado que son sensibles a los factores ambientales, los bonsáis pueden sufrir tensiones como temperaturas extremas, iluminación inadecuada, riego inapropiado o mala circulación del aire. La salud de los bonsáis depende de que se reconozcan y resuelvan estos problemas ambientales.

Los bonsáis pueden sufrir estrés debido a las temperaturas extremas, que pueden causar marchitamiento, quemaduras en las hojas o incluso la muerte. El estrés relacionado con la temperatura puede reducirse creando microclimas adecuados, como sombra o refugio durante los veranos calurosos o los inviernos fríos. Del mismo modo, es fundamental proporcionar las condiciones de iluminación adecuadas para el proceso de fotosíntesis y el crecimiento general del árbol, ya sea con luces de cultivo o con luz solar natural.

Es fundamental seguir unos procedimientos de riego adecuados para mantener sanos los bonsáis. Un riego insuficiente puede provocar deshidratación y marchitamiento, mientras que un riego excesivo puede causar la pudrición de las raíces y enfermedades fúngicas. Para mantener el equilibrio adecuado, es esencial comprender las necesidades de riego de las distintas especies de árboles y controlar el contenido de humedad del suelo.

Para prevenir el desarrollo de enfermedades fúngicas y fomentar un crecimiento sano, es crucial una circulación de aire adecuada. Una ventilación adecuada puede reducir el peligro de infecciones fúngicas y mejorar la calidad general del aire que rodea al bonsái, especialmente en situaciones húmedas.

En conclusión, la gestión de plagas, enfermedades y problemas medioambientales es un componente crucial de la producción de bonsáis. La salud y la vitalidad a largo plazo de los árboles en miniatura de los amantes del bonsái pueden garantizarse estando alerta, actuando con rapidez y realizando un mantenimiento proactivo. Para mantener la salud de los bonsáis, es esencial la observación periódica, la identificación precisa y los procedimientos de tratamiento adecuados para enfermedades y plagas. La salud de los bonsáis también depende del establecimiento de unas condiciones climáticas ideales que tengan en cuenta las temperaturas extremas, una iluminación adecuada, un riego apropiado y una buena circulación del aire. Los aficionados al bonsái pueden superar estas dificultades y seguir apreciando la belleza y creatividad de sus pequeñas obras de arte aplicando conocimientos, perseverancia y dedicación.

Capítulo VII

Bonsái Más Allá de lo Básico

Exploración de conceptos y estilos avanzados de bonsái

La antigua práctica de cultivar árboles en miniatura en macetas se conoce como bonsái, y ofrece infinitas oportunidades de aprendizaje y descubrimiento. A medida que los aficionados al bonsái adquieren experiencia y conocimientos, descubren con frecuencia que les atrae investigar ideas y técnicas más complejas. Los límites del bonsái convencional se amplían con estas técnicas y estilos avanzados, que también promueven una mayor expresión artística. En esta sección nos adentraremos en el reino de los conceptos y estilos avanzados del bonsái, examinando los métodos y conceptos que llevan al bonsái a nuevas dimensiones.

Yamadori es el término utilizado para describir el proceso de recolección de árboles de sus entornos nativos, como bosques o montañas. Estos árboles recolectados suelen tener cualidades distintivas, como una corteza desgastada, intrigantes torceduras y un aspecto envejecido. Para crear una obra maestra del bonsái con material yamadori, se necesitan sofisticadas habilidades de recolección de árboles, poda de raíces y estilización.

El injerto es un método sofisticado para unir diversos elementos vegetales, como ramas o raíces, a un bonsái. Mediante este método, los artistas del bonsái pueden añadir nuevas especies, cambiar los rasgos del árbol o reparar cualquier daño. Para que el injerto tenga éxito y sea saludable a largo plazo, se necesita paciencia, conocimientos de fisiología vegetal y precisión.

El acodo aéreo es una técnica que se utiliza para cultivar nuevos bonsáis a partir de un árbol existente, sin necesidad de arrancarlo de raíz. Los artistas del bonsái pueden producir más árboles con rasgos favorables haciendo una herida en la rama y promoviendo el crecimiento de nuevas raíces. Para garantizar el establecimiento efectivo del nuevo árbol durante el acodo aéreo, se requiere competencia en la programación, la cicatrización de heridas y el mantenimiento adecuado.

Con el fin de simular los efectos del envejecimiento, la intemperie y las fuerzas naturales, las técnicas de madera muerta consisten en generar o mejorar regiones de madera muerta en un bonsái. Las técnicas jin (corteza despojada) y shari (tronco despojado) confieren al árbol personalidad, profundidad y una sensación de historia. Para obtener resultados que parezcan naturales y estéticamente agradables, se requieren conocimientos avanzados de las herramientas y técnicas de tallado, así como una comprensión de la reacción del árbol al trabajo de la madera muerta.

El Literati es un estilo de bonsái muy refinado y artístico que se distingue por sus troncos altos y esbeltos y su follaje ralo, a menudo conocido como estilo bunjin o "erudito elegante". El objetivo de este estilo es transmitir gracia, elegancia y edad. Los bonsáis Literati presentan con frecuencia complejas y dramáticas torsiones del tronco, que les confieren un aspecto distintivo y seductor.

Un bonsái de tronco múltiple tiene numerosos troncos que crecen a partir de un único sistema radicular. Este diseño imita los patrones de crecimiento orgánico de los árboles observados en arboledas y bosques. Los troncos se colocan cuidadosamente en una composición agradable, a menudo con diferentes alturas, grosores y ángulos. El diseño de troncos múltiples ofrece la oportunidad de destacar la interacción de muchos troncos al tiempo que genera movimiento y atractivo visual.

Se colocan varios bonsáis en un mismo contenedor como parte de una plantación en grupo, a veces denominada plantación forestal o paisajística, para dar la impresión de un bosque o paisaje en miniatura. La elección de los árboles, su colocación y la armonía estética que crean deben tenerse muy en cuenta a la hora de diseñar en este estilo. Las plantaciones en grupo ofrecen una representación viva y expresiva de la armonía y la belleza de la naturaleza.

Los conceptos avanzados del bonsái también incluyen la habilidad de exponer bonsáis, que va más allá de los árboles individuales. Es fundamental comprender los conceptos de composición, equilibrio y armonía a la hora de decidir dónde colocar los bonsáis, las plantas decorativas y los elementos de exposición. Las técnicas avanzadas de exposición de bonsáis incluyen la realización de arreglos estacionales, la adición de suiseki (piedras de visión) o la mejora de la presentación con accesorios como pinturas en pergamino o soportes para bonsáis.

En conclusión, aprender más sobre conceptos y técnicas avanzadas de bonsái permite a los entusiastas del bonsái ir más allá de los límites de los métodos convencionales y mostrar su creatividad y visión estética únicas. El uso de métodos como el yamadori, el injerto, el acodo aéreo y el trabajo con madera muerta permite a los artistas del bonsái avanzar en su arte y producir árboles realmente únicos. Además, los diseños contemporáneos de bonsáis, como el literati, el tronco múltiple, la plantación en grupo y los métodos de exposición inventivos, ofrecen nuevas oportunidades para la expresión individual y el disfrute de este arte. Un mundo de oportunidades ilimitadas aguarda a los entusiastas del bonsái cuando emprenden este viaje de exploración, en el que el arte y la belleza del bonsái siguen evolucionando e inspirando.

Recoger y seleccionar material para bonsáis

La cuidadosa selección y recolección de material vegetal aceptable es uno de los componentes fundamentales del arte del bonsái. A la hora de comprar material para bonsái, es importante tener en cuenta una serie de variables, como la especie, el tamaño, la edad y el potencial estético del árbol. En esta sección analizaremos el valor de la recolección y elección de material para bonsái, haciendo hincapié en los factores esenciales a tener en cuenta y en los métodos a emplear al hacerlo.

Yamadori es el término utilizado para describir el proceso de sacar árboles de sus entornos naturales, como bosques, montañas u otros tipos de paisajes. Estos árboles recolectados suelen tener cualidades distintivas, como un aspecto envejecido, una corteza desgastada y giros intrigantes. Para preservar la salud a largo plazo de los árboles recolectados y sus hábitats naturales, la recolección del yamadori requiere conocimientos sobre las especies arbóreas, identificación, procedimientos de recolección adecuados y comprensión de la normativa local y las prácticas de sostenibilidad.

Los viveros especializados en el suministro de plantas apropiadas para bonsái son otra fuente típica de material para bonsái. En los viveros se pueden encontrar numerosas especies, tamaños y ejemplares de bonsái ya formados. A la hora de elegir plantas cultivadas en viveros, es importante fijarse en la salud general de la planta, tener en cuenta su potencial para el estilo bonsái y asegurarse de que el árbol es compatible con el clima y las condiciones de crecimiento de la zona.

El material para prebonsáis, que son árboles o arbustos jóvenes con potencial para convertirse en bonsáis, suele estar disponible en los centros de jardinería. Estas plantas, que suelen ser asequibles, ofrecen la posibilidad de cultivar y moldear el árbol desde una fase temprana. La selección del material de prebonsái consiste en evaluar el sistema radicular, el tronco y la estructura de las ramas de una planta para determinar su viabilidad para la futura formación de bonsáis.

En el arte del bonsái, la elección de la especie de árbol es vital. Los patrones de crecimiento, las formas de las hojas, las texturas de la corteza y las respuestas a los métodos de formación varían de una especie a otra. Es crucial tener en cuenta la idoneidad de la especie para el cultivo de bonsáis, su adaptabilidad a la temperatura local y las cualidades estéticas deseadas a la hora de elegir el material del bonsái.

El tronco de un bonsái es su sistema de soporte y un componente clave de su atractivo estético general. El grosor, la conicidad, el movimiento y el nebari (florecimiento de la raíz) del tronco deben tenerse en cuenta a la hora de elegir el material del bonsái. Se pueden hacer bonsáis de árboles que tengan características distintivas en el tronco, como curvaturas, cicatrices o texturas superficiales.

Para que el diseño de un bonsái sea equilibrado y armonioso, la estructura de las ramas es crucial. El aspecto general y la proporción del árbol mejoran si las ramas están dispuestas estratégicamente con una buena distribución y conicidad. Tenga en cuenta el potencial de las ramas actuales para un futuro estilo y refinamiento a la hora de elegir el material del bonsái.

El sistema radicular y el nebari, o las raíces superficiales visibles, son componentes esenciales de la estética del bonsái. Los árboles con sistemas radiculares fuertes y radiales proporcionan a la composición estabilidad e impacto. Para establecer una base sólida para el futuro desarrollo del árbol, es necesario evaluar el nebari y la estructura radicular del material del bonsái.

El material para bonsáis debe gozar de buena salud, estar libre de enfermedades o plagas graves y mostrar un fuerte desarrollo. Es mejor evitar la selección de plantas con una salud débil o dañada, ya que podrían tener dificultades para sobrevivir y florecer como bonsái. Durante esta fase de selección, es esencial fijarse en la salud general de la planta, el color del follaje y la ausencia de plagas o enfermedades graves.

En conclusión, para cultivar bonsáis impresionantes y duraderos, la adquisición y elección del material es un primer paso esencial. Es crucial tener en cuenta la especie, las características del tronco, la estructura de las ramas, el nebari y la salud general del árbol cuando se recolecta de paisajes naturales o se compra en viveros y centros de jardinería. Se puede crear un bello ejemplar de bonsái a partir de cualquier material, siempre que tenga la capacidad para ello. Los entusiastas del bonsái recorren un camino de creatividad, perseverancia y admiración por la belleza natural de los árboles en miniatura a medida que se adentran en el mundo de la selección de materiales para bonsáis.

Fotografía y documentación artística de bonsáis

En los árboles en miniatura, el arte vivo del bonsái encarna la belleza y el alma de la naturaleza. La fotografía artística y la documentación son cruciales para captar las sutilezas del bonsái y mostrarlas. Es posible preservar, compartir y apreciar la creatividad y el trabajo de los bonsáis para las generaciones futuras utilizando técnicas fotográficas expertas y una cuidadosa documentación. En esta sección se analiza la importancia de la fotografía y la documentación artística de los bonsáis, así como los métodos y factores que deben tenerse en cuenta a la hora de captar su esencia.

Entre las características únicas de los bonsáis se incluyen el interesante nebari (florecimiento de las raíces), el delicado follaje y la complicada estructura de las ramas. Estos aspectos de la belleza y la personalidad del árbol pretenden transmitirse a través de la fotografía artística de bonsáis. Los primeros planos, los ángulos imaginativos y la profundidad de campo son sólo algunos de los métodos fotográficos que los fotógrafos pueden utilizar para resaltar los detalles más pequeños y producir fotos estéticamente cautivadoras.

Los bonsáis son esculturas vivas y dinámicas que se modifican constantemente. El arte y la artesanía que se emplean en cada árbol pueden conservarse fotografiando los bonsáis. Las fotografías documentan el desarrollo, el estilo y la transformación del árbol y sirven como registro histórico. También brindan a los aficionados y artistas la oportunidad de reflexionar sobre la trayectoria del árbol y las ingeniosas estrategias empleadas.

La belleza y la complejidad del arte del bonsái pueden inspirar y explicarse a los espectadores a través de la fotografía artística de bonsáis. La fascinación por esta forma de arte milenaria puede despertarse con fotografías bellamente captadas que generen sentimientos y atraigan a los espectadores. La gente puede llegar a comprender y apreciar más profundamente el bonsái como una forma de arte vivo aprendiendo sobre los diversos estilos, especies e influencias culturales del bonsái a través de imágenes estéticamente impactantes.

Una iluminación adecuada es esencial para fotografiar bonsáis. Como resalta la textura y el color reales del árbol, se suele preferir la luz natural. Para acentuar los detalles y eliminar las sombras, es preferible una luz suave y difusa. El impacto visual puede mejorarse experimentando con diversas situaciones de iluminación, como la luz del sol a primera hora de la mañana o a última hora de la tarde.

La colocación y disposición de los elementos dentro del encuadre se denomina composición. Utiliza la regla de los tercios, las líneas principales y el espacio negativo al fotografiar bonsáis para conseguir una composición equilibrada y estéticamente bella. Para añadir profundidad e interés a la imagen, juega con distintos ángulos, como fotos aéreas, primeros planos de las hojas o capturas del árbol en su entorno natural.

Ajustando la profundidad de campo, los fotógrafos pueden elegir el enfoque en determinadas partes del bonsái. Una profundidad de campo estrecha se consigue con un diafragma amplio (número f pequeño), desenfocando el fondo y resaltando el sujeto principal. Este método puede resaltar las intrincadas características del árbol, como su delicada ramificación o la textura de su corteza.

Experimentando con la perspectiva se pueden conseguir imágenes distintivas y cautivadoras. Los fotógrafos pueden transmitir una sensación de escala, resaltando la naturaleza en miniatura del bonsái, yuxtaponiendo el árbol bonsái a componentes de su entorno o utilizando ángulos ingeniosos. Para dar dimensión y contexto a la imagen, experimente con los elementos del primer plano y del fondo.

Además de las imágenes, la documentación escrita es fundamental para conservar los antecedentes y los detalles de cada bonsái. Contiene detalles sobre la especie del árbol, los métodos de estilización empleados, los puntos de inflexión notables y cualquier otro acontecimiento digno de mención. Las descripciones escritas permiten comprender mejor la trayectoria del árbol, ya que ofrecen una historia que acompaña a las pruebas visuales.

Las comunidades en línea y las redes sociales se han convertido en herramientas útiles para compartir e interactuar con la comunidad mundial del bonsái en la era digital. En sitios web especializados en bonsái, foros y canales de redes sociales se pueden compartir imágenes y documentación escrita. Al facilitar la cooperación, los comentarios y las oportunidades educativas, estas plataformas permiten a los entusiastas del bonsái interactuar entre sí y obtener puntos de vista perspicaces y variados.

La belleza, el arte y la historia de los bonsáis deben capturarse y preservarse a través de la fotografía y la documentación artística de los bonsáis. El arte y la individualidad de cada bonsái pueden destacarse y compartirse con un público más amplio mediante técnicas fotográficas expertas y una documentación exhaustiva. Los entusiastas del bonsái pueden fomentar un mayor aprecio por esta antigua forma de arte fusionando componentes verbales y visuales. Además de preservar el legado de árboles concretos, la fotografía y la documentación de bonsáis artísticos aumentan la comprensión y el aprecio del público por el bonsái como forma de arte vivo.

El bonsái, un viaje que dura toda la vida: conectar con la comunidad del bonsái

El bonsái es un viaje de aprendizaje, conexión y crecimiento que dura toda la vida; no es sólo un pasatiempo o una simple colección de árboles. El mantenimiento y el estilo de los árboles pequeños es sólo un aspecto del arte del bonsái, que también incluye las profundas experiencias y relaciones que se desarrollan dentro de la comunidad del bonsái. En esta sección, veremos cómo el bonsái puede ser una aventura para toda la vida y el valor de establecer contactos con otros entusiastas del bonsái para promover el desarrollo, compartir conocimientos y crear relaciones duraderas.

Los bonsáis nos enseñan el valor de la paciencia. Desarrollamos gradualmente nuestra capacidad de ver, comprender y reaccionar ante las necesidades de los árboles a medida que cuidamos y nutrimos estas obras de arte vivas. A medida que investigamos los matices de la horticultura, los métodos de estilización y la belleza que hay detrás de cada árbol, el bonsái exige un estudio continuo. Es un camino que promueve la autosuperación, la resistencia y la formación de una gran atención al detalle.

El bonsái fomenta la expresión artística y la creatividad. A medida que aprendemos sobre diferentes estilos de bonsái, estética y conceptos de diseño, refinamos nuestro sentido del equilibrio, la proporción y la armonía. El camino del bonsái nos permite desarrollar nuestra propia visión estética y artística, ampliando y perfeccionando continuamente nuestras habilidades a medida que nos relacionamos con otros árboles y aceptamos nuevos puntos de vista.

La comunidad del bonsái es una excelente fuente de aprendizaje y crecimiento. Establecer contactos con personas de ideas afines, asistir a talleres y participar en exposiciones son oportunidades para intercambiar información, técnicas y experiencias. El conocimiento combinado de la comunidad profundiza nuestra comprensión del bonsái y acelera nuestra curva de aprendizaje. Aprendemos cosas nuevas, resolvemos problemas y ampliamos nuestros horizontes intercambiando experiencias.

El bonsái fomenta el espíritu de equipo y amistad. La pasión por esta antigua forma de arte une a los entusiastas del bonsái de un modo que traspasa las fronteras nacionales y las barreras culturales. Establecer vínculos duraderos con personas que comparten tus intereses a través de la participación en la comunidad del bonsái puede ayudarte a crear una red de amigos, mentores y compañeros de estudios, así como un sistema de apoyo.

Las exposiciones de bonsáis son coloridas muestras de habilidad y compromiso. Podemos observar la habilidad y variedad de los bonsáis visitando exposiciones, lo que ofrece una experiencia envolvente. Estos encuentros ofrecen la oportunidad de interactuar con artistas de renombre, compartir pensamientos y encontrar inspiración para nuestros viajes individuales en el mundo del bonsái. Las exposiciones nos brindan la oportunidad de mostrar nuestras obras originales y recibir comentarios y elogios de los demás.

Pertenecer a un club u organización de bonsáis tiene muchas ventajas. Estos grupos celebran reuniones periódicas, talleres y demostraciones en las que los miembros pueden aprender de profesionales experimentados e impartir su propia sabiduría. Las conexiones de la comunidad se fortalecen a través de los frecuentes eventos de grupo que planifican los clubes de bonsái, como viajes de recolección, viajes de estudio y proyectos cooperativos.

Los foros en línea y las redes sociales se han convertido en herramientas eficaces para reunir a aficionados al bonsái de todo el mundo en la era digital. Estos sitios web facilitan el intercambio de información, historias e imágenes sobre los bonsáis. A través de la conversación en foros en línea, blogs y grupos de medios sociales se pueden adquirir diversas opiniones. Podemos interactuar con aficionados al bonsái que pueden estar separados geográficamente pero que sienten el mismo entusiasmo gracias a las conexiones virtuales.

Los grupos en línea son una fuente constante de inspiración, ya que los entusiastas del bonsái comparten sus trabajos, métodos e informes de progreso. A través de estos foros, podemos pedir ayuda, resolver problemas e inspirarnos en otros aficionados, lo que nos ayuda a seguir comprometidos con la aventura del bonsái durante toda la vida.

En conclusión, el bonsái es algo más que cultivar pequeños árboles; es un viaje que dura toda la vida. Proporciona una vía para la expresión creativa, el desarrollo personal y la interacción con un próspero grupo de personas con ideas afines. Participar en la comunidad del bonsái ofrece oportunidades para descubrir, impartir conocimientos y crear relaciones duraderas. La conexión con la comunidad del bonsái, ya sea a través de clubes locales, exposiciones, recursos de Internet o redes sociales, amplía nuestra comprensión de esta antigua forma de arte y aumenta nuestro aprecio por ella. A lo largo de este viaje, no sólo cuidamos y damos forma a los árboles, sino que también fomentamos nuestro propio desarrollo personal y el crecimiento de la gran comunidad del bonsái.

Conclusión

Recapitulación de los principios y técnicas clave del bonsái

A lo largo de este libro electrónico, hemos profundizado en numerosas áreas del cultivo, el diseño, el cuidado y la expresión estética de los bonsáis a medida que investigábamos el fascinante mundo del bonsái. A medida que nos acercamos al final de nuestro viaje, es importante repasar las ideas y prácticas fundamentales que forman la base del arte del bonsái. El propósito de esta recapitulación es servir de repaso completo, centrándonos en las ideas y procedimientos esenciales que se requieren para el crecimiento exitoso del bonsái. Los aficionados al bonsái pueden reforzar sus conocimientos, perfeccionar sus habilidades y continuar su camino hacia la producción de obras de arte vivas repasando estos principios y técnicas.

Comprensión de los Principios del Bonsái

Proporción y Escala: El bonsái es el arte de crear árboles en miniatura que imitan las proporciones y la escala de los árboles de tamaño natural. Esto se consigue reduciendo el tamaño del árbol, pero manteniendo su forma natural. El bonsái sólo parecerá armónico y equilibrado si se comprenden y utilizan correctamente los principios de proporción y escala.

Creación de Equilibrio y Armonía: La creación de equilibrio y armonía en un diseño de bonsái requiere una cuidadosa consideración de la distribución del follaje, las ramas y el espacio negativo dentro del diseño. El uso de este principio da como resultado una sensación de equilibrio, así como un atractivo estético.

Elegancia y Simplicidad: Al eliminar los componentes extraños y hacer hincapié en las características primarias del árbol, el bonsái enfatiza la sencillez y la elegancia. Con este método, el observador tiene la oportunidad de admirar la belleza inherente y la forma del árbol.

Continuidad y Fluidez: Uno de los principales objetivos del diseño de bonsáis es producir una sensación de continuidad y fluidez imitando los patrones de desarrollo orgánico que pueden encontrarse en la naturaleza. La transición de una rama a la siguiente debe ser fluida, conduciendo la mirada del observador por un recorrido estéticamente agradable.

Técnicas para el Cuidado y Cultivo del Bonsái

Poda y Modelado: La poda es una técnica fundamental en el cultivo del bonsái, ya que estimula el crecimiento, ayuda a mantener la forma y refina la estética general del árbol. La poda regular permite un mayor control sobre el tamaño y la dirección del crecimiento de las ramas, así como el fomento de la brotación posterior, que se traduce en un follaje más denso.

Alambrado y Estilización: El alambrado se utiliza para dar forma y colocar las ramas, creando así las formas y siluetas deseadas. El estilizado se refiere al proceso de dar forma y colocar las ramas. La aplicación cuidadosa del alambre causa el menor daño posible al árbol, al tiempo que permite una personalización estética.

Trasplante y Poda de Raíces: El trasplante es esencial para preservar la salud y la vitalidad de los bonsáis. Es necesario sacar el árbol de su contenedor, recortar y podar las raíces y replantarlo en tierra fresca como parte de este proceso. Cuando se hace correctamente, el trasplante garantiza un drenaje suficiente y crea espacio para el crecimiento de nuevas raíces.

Fertilización y Riego: Para la salud del bonsái, es esencial utilizar métodos de riego adecuados. Es esencial proporcionar al árbol la cantidad adecuada de humedad, evitando al mismo tiempo el encharcamiento o la desecación de las raíces. Además, una fertilización adecuada proporciona los nutrientes vitales necesarios para un crecimiento sano.

Estilos de Diseño de Bonsáis

Estilo Vertical Formal: El estilo vertical formal es una representación de la forma tradicional de un árbol, que se caracteriza por un tronco recto y erguido y ramas que se estrechan gradualmente hacia fuera. Da una impresión de robustez y elegancia al mismo tiempo.

Estilo Vertical Informal: El estilo vertical informal se caracteriza por un tronco curvado o ligeramente inclinado, que recuerda a un árbol que ha crecido en su entorno natural a lo largo del tiempo. Da un aspecto de soltura y naturalismo a la presentación general.

Estilo Cascada: El estilo cascada presenta un tronco que cae en cascada hacia abajo, a menudo asemejándose a la imagen de un árbol que crece en un acantilado o al borde del agua. Da la impresión de emoción, movimiento y energía dinámica.

Estilo Barrido por el Viento: Un árbol de estilo barrido por el viento tiene las ramas y el tronco doblados y retorcidos en una dirección determinada, lo que da la impresión de que ha resistido fuertes vientos. Da la impresión de resistencia y adaptabilidad.

Exhibición y Presentación de Bonsáis

Elegir la Maceta Adecuada: Una maceta adecuada complementa el estilo del árbol y mejora su presentación general. Deben elegirse aspectos como el color, la forma y el material que sean compatibles con la estética del árbol.

Consideraciones para la Exposición: A la hora de exponer un bonsái, es importante tener en cuenta varios elementos, como el color del fondo, la iluminación y el aspecto que tendrá el árbol en relación con otras plantas y objetos. La belleza natural del bonsái puede realzarse al máximo estableciendo un entorno estéticamente agradable.

Consideraciones Estacionales: Los elementos estacionales, como la decoración invernal, las plantas en flor o el follaje otoñal, pueden mejorar la exposición de los bonsáis. Estas adiciones proporcionan un espectáculo dinámico que evoluciona constantemente a lo largo del

Aprendizaje y Evolución Continuos

Estudio y Observación: El cultivo de un bonsái requiere una formación continua. El estudio, la observación y el disfrute continuos del bonsái y de la naturaleza ayudan a perfeccionar las habilidades y a desarrollar una comprensión más profunda de ambos temas.

Participar en la Comunidad Bonsái: Interactuar con otras personas que comparten un interés por el bonsái, asistir a talleres y exposiciones y hacerse miembro de un club de bonsái son oportunidades para aprender, intercambiar información y encontrar nuevas fuentes de motivación.

Experimentación y Creatividad: El bonsái fomenta tanto la expresión artística como la experimentación. Como artista del bonsái, tanto el cultivo de la creatividad como el desarrollo personal se benefician de probar diversos métodos, estilos y técnicas.

En conclusión, el arte del bonsái está compuesto por un vasto tapiz de diferentes conceptos y métodos, y ejemplifica un equilibrio armonioso entre el potencial creativo del ser humano y el mundo natural. Los aficionados pueden crear atractivos árboles en miniatura si conocen y utilizan los principios de proporción, equilibrio, simplicidad y continuidad. Los aficionados al bonsái pueden dar mejor forma a sus árboles y cuidarlos adecuadamente una vez que dominan varios procedimientos, como el alambrado, el trasplante y la poda. Los entusiastas del bonsái pueden exhibir mejor la belleza de sus obras si tienen un sólido conocimiento de los muchos estilos de bonsái y de las cuestiones relacionadas con su exhibición. Además, el camino del bonsái es una búsqueda permanente de aprendizaje, desarrollo y compromiso con la gran comunidad de practicantes del bonsái. Los entusiastas del bonsái se sentirán satisfechos en su continua aventura a medida que perfeccionen sus habilidades y aprendan más sobre la antigua forma de arte del bonsái, con todas sus ilimitadas aplicaciones potenciales.

Ánimo e inspiración para los principiantes

Comenzar el camino del cultivo del bonsái puede ser a la vez estimulante y desalentador para quienes se inician en este viaje. Es una forma de arte que exige paciencia, dedicación y voluntad de aprender, pero también es muy cautivadora. En esta sección hablaremos de la importancia de proporcionar a los principiantes apoyo e inspiración a medida que se embarcan en su viaje por el bonsái. Repasaremos estrategias para superar obstáculos, encontrar fuentes de aliento y localizar mentores para que pueda desarrollar una práctica exitosa del bonsái. Los principiantes pueden experimentar el éxito en su búsqueda de esta forma de arte tradicional si se les proporciona un entorno propicio y el acceso a los recursos pertinentes.

Expectativas Realistas: Es importante que los recién llegados se den cuenta de que el bonsái requiere un compromiso a largo plazo. El proceso de crecimiento y desarrollo lleva su tiempo y los árboles progresan gradualmente a lo largo de su vida. Con unas expectativas razonables, los principiantes pueden evitar la frustración y aprender a apreciar el desarrollo gradual, pero satisfactorio, de sus bonsáis.

Aceptar los Errores: Un aspecto crucial del recorrido del bonsái es aprender de los errores. Las personas inexpertas no deben dejar que los fracasos les desanimen, sino verlos como oportunidades para aprender lecciones útiles. Cada contratiempo representa una oportunidad para mejorar las estrategias, adquirir más información y reforzar la fuerza de voluntad.

Celebrando las Pequeñas Victorias: El bonsái es un proceso de aprendizaje y desarrollo que dura toda la vida. Los principiantes deberían conmemorar cada logro significativo, ya sea haber alambrado con éxito una rama, haber conseguido un crecimiento sano o haber creado un diseño atractivo. Se anima a los principiantes a mantener su motivación e inspiración cuando se reconocen sus progresos.

Estudiar a los Maestros del Bonsái: Los conocimientos y experiencias de los maestros del bonsái son una enorme fuente de inspiración. Investigar su obra, leer sus libros y participar en sus demostraciones o talleres puede dar lugar a la adquisición de conocimientos profundos y a reavivar el interés por este arte.

Explorar Jardines y Exposiciones de Bonsáis: Ir a jardines y exposiciones de bonsáis le brinda la oportunidad de contemplar impresionantes colecciones de bonsáis y observar el arte de practicantes de gran talento. Los intrincados diseños y la variada estética de los bonsáis pueden ser una gran fuente de inspiración para quienes se inician en este arte.

Participar en la Comunidad del Bonsái: Para los principiantes, unirse a clubes o comunidades en línea, hablar con otros aficionados y participar en talleres de bonsái puede ayudar a crear un sólido sistema de apoyo. El intercambio de experiencias, la búsqueda de ayuda y la asistencia a eventos relacionados con el bonsái pueden fomentar un sentimiento de comunidad e inspiración.

Encontrar un Mentor: Para los recién llegados, un mentor es bastante útil. Un mentor es alguien que puede proporcionar ayuda, compartir sus conocimientos y dar una opinión personalizada sobre los procedimientos y el mantenimiento de los árboles. La creación de una relación entre un mentor y un alumno ofrece un entorno de apoyo propicio para el crecimiento y el desarrollo personal.

Asistir a Talleres y Cursos: Asistir a talleres y cursos de bonsái ofrece a los principiantes la oportunidad de aprender de instructores más experimentados, adquirir experiencia trabajando con las manos y desarrollar habilidades más prácticas. Estas aulas organizadas ofrecen una enseñanza concentrada y adaptada a las necesidades específicas de los principiantes.

Aprovechar los Recursos en Línea: Para los interesados en el bonsái, Internet es una gran fuente de conocimientos y recursos. Los principiantes pueden recurrir a tutoriales, foros y vídeos didácticos para aprender métodos, resolver problemas y buscar inspiración.

Paciencia y Perseverancia: El bonsái es un arte paciente que requiere perseverancia y dedicación. Es crucial que los principiantes adquieran paciencia y acepten el proceso, comprendiendo que cada etapa de desarrollo contribuye a la obra maestra que finalmente se creará.

Adaptación a Nuevas Situaciones: Los bonsáis son seres vivos que cambian en función de su entorno. Los principiantes deben saber cómo modificar adecuadamente sus cuidados y prácticas, teniendo en cuenta elementos como el clima, la estacionalidad y la salud general del árbol.

Hacer Frente a los Obstáculos: Al igual que cualquier otro ser vivo, los bonsáis pueden encontrar obstáculos como plagas, enfermedades o estrés ambiental. Para mantener la salud y vitalidad de sus árboles, los principiantes deben adquirir los conocimientos necesarios para detectar y tratar rápidamente cualquier problema que pueda surgir.

Exploración de Técnicas: El arte del bonsái deja mucho espacio para la expresión creativa y el crecimiento personal. Se recomienda a los principiantes que experimenten con diferentes estrategias, como distintos estilos de poda, métodos de alambrado y enfoques de diseño. Gracias a esta experimentación, podrán descubrir sus preferencias y crear su propio estilo.

Conectar con la Historia del Árbol: Cada bonsái tiene un pasado y una personalidad distintos. Encontrar una conexión con la historia del árbol, aprender sobre su especie y admirar el árbol por su belleza única son lugares ideales para que los principiantes busquen inspiración. La experiencia del bonsái se eleva como resultado de esta conexión, y la expresión artística adquiere mayor profundidad como consecuencia.

Documentar el Camino: Llevar un registro del desarrollo del bonsái en forma de imágenes, observaciones escritas o un diario del bonsái ofrece un medio concreto para controlar el desarrollo y considerar el viaje en su conjunto. Los principiantes pueden reflexionar sobre sus logros y obtener sabiduría de sus experiencias mediante la documentación.

En conclusión, el estímulo y la inspiración son componentes vitales en el proceso de cultivar el bonsái para los principiantes. Los principiantes pueden superar los obstáculos y cultivar su pasión por el bonsái abrazando el proceso de aprendizaje, inspirándose en los maestros y en las exposiciones de bonsáis, y buscando la ayuda de mentores y materiales didácticos. Entre las características importantes que hay que perfeccionar se incluyen la tenacidad, la paciencia y la capacidad de reajustar el propio comportamiento en respuesta a las condiciones cambiantes. La experiencia del bonsái puede enriquecerse y ser más satisfactoria si se desarrolla un estilo personal y se establece una conexión con la historia del árbol. Los principiantes pueden embarcarse en un viaje significativo de expresión artística y crecimiento personal en el mundo del bonsái si cuentan con un entorno que apoye sus esfuerzos y una mentalidad centrada en el aprendizaje constante.

Reflexiones finales sobre el arte y la ciencia de cultivar árboles en miniatura

A medida que nos acercamos al final de nuestro viaje por el arte y la ciencia del cultivo de árboles en miniatura, es esencial hacer una pausa y contemplar la tremenda belleza y el poder transformador de los bonsáis. A lo largo de este libro electrónico hemos examinado diversos aspectos del cultivo del bonsái, como su historia, técnicas, principios, así como los retos y recompensas que conlleva. En esta sección final, expondremos algunas ideas finales sobre el arte y la ciencia del bonsái, así como un resumen de las conclusiones más importantes de nuestro viaje.

La Armonía del Arte y la Ciencia

El bonsái es una extraordinaria forma de cultivo en miniatura que combina la habilidad artística con la comprensión científica. Combina un profundo conocimiento de la horticultura y la biología de los árboles con ideales estéticos como la proporción, el equilibrio y la armonía. En el diseño y el estilo del árbol entra en juego la creatividad, mientras que la ciencia que lo sustenta es lo que asegura su salud, desarrollo y longevidad. Para crear obras de arte viviente, los cultivadores de bonsáis deben dominar ambos elementos.

La Fuerza del Tiempo y la Paciencia

La forma de arte conocida como bonsái reconoce y celebra el paso del tiempo a través de su práctica. El crecimiento y el desarrollo de un bonsái se producen gradualmente, con paciencia, aguda observación y cuidadosa atención a los detalles. A lo largo de su cultivo, el bonsái se transforma en una representación del compromiso, la tenacidad y la reverencia del cultivador por el mundo natural a medida que va madurando. El arte del bonsái nos enseña la importancia de tener paciencia, así como la belleza que puede descubrirse con el paso del tiempo.

El Papel de la Naturaleza y la Colaboración

El arte del bonsái es el resultado de la colaboración entre el ingenio humano y el encanto innato del mundo natural. El cultivador dirige el crecimiento del árbol mediante métodos como la poda, el alambrado y el modelado. Esto se hace en cooperación con los procesos naturales que se producen. Sin embargo, también debe reconocer los límites de su control y el papel que desempeña la naturaleza en la determinación del resultado final. El arte del bonsái nos inculca un sentido de la humildad y nos sirve como recordatorio constante de que somos meros guardianes del entorno natural.

La Interminable Búsqueda del Conocimiento y el Desarrollo Personal

El arte del bonsái ofrece a sus practicantes innumerables oportunidades de desarrollo personal y expansión intelectual. Es un camino que dura toda la vida y permite a los cultivadores perfeccionar constantemente sus habilidades, profundizar en sus conocimientos e investigar nuevas oportunidades de expresión creativa. El bonsái no consiste sólo en hacer árboles hermosos, sino también en el crecimiento personal, la autoexpresión y el establecimiento de una relación con el mundo natural. Nos inspira a seguir aprendiendo durante el resto de nuestras vidas y a aceptar los retos y las satisfacciones que conlleva un desarrollo constante.

La Conexión con la Tradición y la Cultura

El arte del bonsái está profundamente arraigado en la tradición y tiene sus orígenes en un pasado culturalmente significativo. Se ha transmitido de generación en generación desde que se empezó a practicar en la antigua China y Japón. El desarrollo del bonsái proporciona una conexión con este pasado cultural y allana el camino para apreciar el conocimiento, la artesanía y el valor espiritual inherentes a esta forma de arte. Esta apreciación puede adquirirse participando en actividades relacionadas con el bonsái. El arte del bonsái nos conecta con las prácticas de nuestros antepasados y sirve de nexo entre el pasado y el presente.

Los Beneficios y la Satisfacción del Bonsái

La práctica del bonsái puede reportar diversos beneficios. El cultivo del bonsái puede desarrollar el sentido de la responsabilidad, el cuidado y la atención. Experimentar la alegría de ver florecer un árbol gracias a nuestros cuidados produce un profundo sentimiento de satisfacción y plenitud. Además, el bonsái ofrece oportunidades para la quietud, la introspección y la reconexión con el mundo natural. Nos enseña a descubrir la armonía con nosotros mismos y con el mundo que nos rodea, así como a apreciar la belleza que puede encontrarse en las cosas más pequeñas.

En conclusión, la práctica del bonsái, que se refiere al arte y la ciencia de cultivar árboles en miniatura, es una actividad tan intrigante como transformadora. Requiere talento artístico, conocimientos científicos, observación paciente y esfuerzo cooperativo con los elementos naturales. Los cultivadores de bonsáis emprenden una búsqueda interminable de conocimiento y desarrollo, forjando conexiones con la historia, la cultura y el esplendor innato del mundo natural.

Es esencial, al llegar al final de este libro electrónico, reconocer que el bonsái es algo más que el cultivo de árboles en miniatura; más bien, es una forma de vida. Nos enseña lecciones inestimables sobre el valor de la observación, la paciencia y la resistencia ante la adversidad. El arte del bonsái nos insta a aceptar el paso del tiempo, a reconocer el valor de la belleza imperfecta que nos rodea y a buscar consuelo en el mundo natural.

No hay límite a la cantidad de autoexpresión, potencial creativo y realización personal que se puede lograr a través del bonsái, independientemente de su nivel de experiencia como cultivador. Por lo tanto, sigamos cultivando el arte y la ciencia del bonsái, valorando cada árbol que cultivamos y el conocimiento que nos proporciona. Espero que nuestro viaje por el mundo del bonsái sea rico en experiencias estéticas, desarrollo personal y una profunda conexión con el magnífico mundo de las miniaturas arbóreas.